www.ingramcontent.com/pod-product-compliance
Lightning Source LLC
Chambersburg PA
CBHW050541280326
41933CB00011B/1680
9781885881472

מדוע עזבתי את בית הספר?
קולם של תלמידים פליסטינים נושרים במזרח ירושלים

לילה עבד רבו

ניו-יורק, 2016

Why I Left School:
Voices of Palestinian Dropouts in East Jerusalem
© 2016 Laila Abed Rabho

Published by **ISRAEL ACADEMIC PRESS**
(A subsidiary of MultiEducator, Inc.)
553 North Avenue • New Rochelle, NY 10801
Email: nhkobrin@Israelacademicpress.com

עיצוב: איימי ערני

ISBN # 978-1-885881-47-2
© 2016 Israel Academic Press/ A subsidiary of MultiEducator, Inc.

מדוע עזבתי את בית הספר?
קולם של תלמידים פלסטינים נושרים במזרח ירושלים

לילה עבד רבו

Why I Left School:
Voices of Palestinian Dropouts in East Jerusalem

Laila Abed Rabho

New York • ניו-יורק

2016

תוכן עניינים

תודות

ברצוני להודות לכל האנשים שעזרו לי במהלך המחקר. תודה לעוזרי המחקר שלי: עידו אזרחי, יונתן גונן, מאיה דה–וריס ואימאן עליאן. תודה לאילה גרינברג שתמכה בי לאורך כל הדרך.

תודה למכון טרומן על התמיכה בהוצאה לאור של הספר במיוחד פרופסור מנחם בלונדהיים ונעמה שפטר, למנח״י ו UNRWA ולמשרד החינוך הפלסטיני האחראי על בתי הספר במזרח ירושלים והנהלת בתי ספר של הווקף שנתנו לי אישור להיכנס לבתי הספר. אני גם רוצה להודות מקרב לב למשפחתי שתמכה בי מראשית הלימודים שלי ועד היום הזה.

מבוא

ענבאר (שם בדוי) בת ה–30 משועפאט שבמזרח ירושלים היא הבכורה מבין שלוש בנות. היא התייתמה מאביה, שלמד עד כיתה ט', ועברה לגור ביחד עם אמה, עקרת בית שלמדה עד כיתה ז', ושתי אחיותיה אצל סבה. בגיל 16 ביקש בן–דודה את ידה וענבאר נשרה מבית הספר למרות שאהבה ללמוד. "אמרתי להם 'כרצונכם', כיוון שבאמת חשתי שאני ואחיותיי מהוות נטל על סבי... איני יכולה להתווכח עם סבי כמו גם עם אבי לו היה חי", היא אומרת. ענבאר התנתה את נישואיה בכך שבן–דודה יאפשר לה לסיים את לימודיה והוא אכן הסכים לכך טרם הנישואים, אולם התנאי לא נכתב בחוזה הנישואים. לאחר שנישאו, אמר בעלה: "מה תיתן לך התעודה? מחר תלדי ולא יהיה לך זמן. לאישה, ברגע שהיא מתחתנת, אין מה לעשות עם התעודה חוץ מלתלות אותה במטבח". בעלה של ענבאר למד עד כיתה ט' והוא "מן הסוג הקשה" לדבריה. כיום, יש להם ארבע בנות וענבאר מספרת כיצד בעלה, חמותה ומשפחתה היו נשארים לשמור על הבנות כאשר היא למדה גננות במכללת אנואר. כחודש לאחר שנכנסה למכללה חשה כיצד ביטחונה העצמי גובר והיא זוכה להערכת הסובבים אותה. היא הצליחה לשכנע את בעלה שהלימודים ישפרו את מצבם הכלכלי ולבסוף פתחו משפחתון בביתם. עוד קודם לכן, אמה של ענבאר חששה מהישנות המצב והחליטה שלא לחתן את שתי בנותיה (האחיות הקטנות של ענבאר) עד שהן לא תסיימנה את הלימודים ואת בחינות התוג'יהי (הבגרות הפלסטינית). בתה הבכורה של ענבאר לומדת בבית ספר בשועפאט ובאשר ליתר בנותיה היא אומרת: "לא אחתן אף אחת מהן לפני שתסיים את הלימודים כיוון שהלימודים הן נשק בידי האישה שאינה יודעת מה צופן לה הזמן, בדיוק כפי שקרה עם אמי".

סיפורה המורכב של ענבאר משקף רק היבטים ספורים מתופעת הנשירה רחבת ההיקף של תלמידים פלסטינים מבתי הספר במזרח ירושלים. ממוצע הנשירה של תלמידי כיתות ז׳–י״ב במזרח ירושלים עומד על 17.3%, ולשם השוואה, הנשירה הממוצעת בקרב המגזר הערבי בישראל בכיתות אלו היא 6.2% ובקרב המגזר היהודי 4.2%. כלומר, אחוז הנשירה במזרח ירושלים גדול מפי ארבעה מזה שבמגזר היהודי בישראל (עליאן ואחרים, 2012). לאור הצמצום באחוז הנשירה ברשות הפלסטינית, בקרב העולים החדשים בישראל ואף בקרב המגזרים הלא-יהודיים במדינה, עולה השאלה מדוע המצב במזרח ירושלים אינו משתפר? מהן הסיבות לשיעורי הנשירה הגבוהים? וכיצד מנסות מערכות (ולא מערכת) החינוך באזור זה להתמודד עם הקשיים השונים ששיאם הוא נשירת תלמידים ולבלום את התופעה הזו?

שאלות אלה יעמדו במוקד מחקר זה, המנסה לאפיין את תופעת הנשירה של תלמידות ותלמידים בבתי ספר במזרח ירושלים ואת ההתמודדות איתה. ייחודו של מחקר זה טמון בהבאת סיפוריהם של תלמידים ותלמידות שנשרו או ״הונשרו״ מבית ספרם וזאת באמצעות עריכת ראיונות פתוחים עם כל אחד ואחת. התלמידים מונים בקולם את הסיבות לנשירה ואת האופן שבו הם מנסים להתמודד עמה. לצד ראיונות אלה יובאו גם שיחות, בנושא הסיבות לנשירה והדרכים לטיפול בה, שנעשו עם נציגים פדגוגיים בכירים מבתי ספר שונים (יועצים, מנהלים ורכזים) במזרח ירושלים ועם גורמים בכירים במערכת החינוך.

חיבור זה חולק לכמה חלקים מרכזיים. תחילה תוצג סקירת ספרות מקיפה אודות תופעת נשירת התלמידים מבתי הספר, על הגדרותיה וסוגיה השונים. בחלק ראשון זה יינתן גם רקע תיאורטי על מערכות החינוך במזרח ירושלים (במונח ״מזרח ירושלים״ כוונתי לשכונותיה הערביות), לצד אומדנים של אחוז

הנשירה בחלק זה של העיר. לאחר סקירת הספרות, תתואר המתודולוגיה שלפיה התבצע מחקר זה - מחקר שדה איכותני. חלק הממצאים מוצג בשני חלקים: החלק הראשון כולל את הסיבות לנשירה מבתי הספר במזרח ירושלים כפי שעלו מהראיונות עם הנושרים ועם אנשי המקצוע. החלק השני מציג את השיטות השונות שננקטות בבתי הספר במזרח ירושלים על מנת לצמצם את תופעת הנשירה וכן המלצות לטיפול בתופעה. לבסוף מובא דיון בממצאים ובתומו מסקנות המחקר והמלצות למחקרים עתידיים.

ואם תורשה נימה אישית: נושא הנשירה מבתי הספר בישראל, ובמגזר הערבי בפרט, זכה להתייחסות במחקרים שונים, אך מחקרים אודות נשירת תלמידים במזרח ירושלים הינם מועטים וזוהי ייחודיות נוספת שיש למחקר זה. ירושלים היא נושא רגיש וטעון לכל הצדדים והאנשים במזרח התיכון ומעבר לו; נושא שלא חף מעירוב פוליטיקה, ולמעשה, נדירות הפעמים שהפוליטיקה איננה מעורבת בו. לפני כמה שנים יצא משרד החינוך הישראלי בקול קורא למחקר תופעת הנשירה בשלושה מגזרים: הערבי, הבדואי והדרוזי. בזמן הגשת ההצעה למשרד החינוך, בירתי האם תלמידי מזרח ירושלים כלולים בקול הקורא. התשובה הייתה שלילית והזכירה דברים שאמר לי וחיד מוסא, האחראי במינהל חינוך ירושלים (מנח"י) על החינוך המיוחד במזרח ירושלים: "הבניית תוכנית רצינית מטעם מדינת ישראל היא הפתרון היחיד למערכת החינוך במזרח ירושלים. עד שזה יקרה, אם יקרה, המצב רק יחמיר".

סקירת הספרות המדעית

מחקר זה שואב את הבסיס התיאורטי שלו מספרים, מאמרים, כתבות והרצאות – באנגלית, ערבית ועברית – שנוגעים לתופעת נשירת התלמידים

מבתי הספר במזרח ירושלים. סקירת הספרות תעסוק תחילה בתופעה הכללית של נשירת תלמידים מבתי ספר, במאפייני הנערים הנושרים, בגורמים לנשירה ובדרכי הטיפול בה. לאחר מכן, תתואר תופעת הנשירה בישראל. כמו כן, יינתן מידע על מערכת החינוך הפלסטינית ועל החינוך במזרח ירושלים ובעיותיו. לבסוף, תתואר תופעת הנשירה במזרח ירושלים, על אומדניה, סיבותיה ודרכי הטיפול בה, כפי שעולה ממחקרים שפורסמו עד היום.

חשיבות החינוך ותופעת נשירת התלמידים

הזכות לחינוך היא זכות יסוד מלאת תוכן ועומק. החינוך הוא בבחינת התשתית לקיומה של כל קהילה ומהווה את הבסיס המכונן שלה. הוא מצמיח את דור ההמשך ומאפשר לו לחלום, להתפתח ולשאוף (עליאן ואחרים, 2012) בית הספר ממלא תפקיד מרכזי בחייהם של נערים בכל חברה. הם רוכשים בו השכלה, כמו גם כישורים אישיים ובין-אישיים הנחוצים להם בהמשך דרכם. נוסף על כך, בית הספר מהווה מסגרת מרכזית המאפשרת לבני נוער לקיים יחסים חברתיים עם בני גילם, יחסים החשובים מאוד בשלב זה של התפתחותם (כהן-נבות ואחרים, 2001; סבר, 2002).

דרישות המינימום של החברה, בתחום ההשכלה הנדרשת להשתלבות מני-בת פירות במישורי החיים השונים, הולכות וגדלות עם השנים. בעשור הראשון של מדינת ישראל, למשל, נחשב "מחוסר השכלה" מי שלא המשיך ללמוד אחרי כיתה ד', בהמשך נע הסף לסיום בית-הספר היסודי, משם ל-10 שנות לימוד וכיום מדובר במי שלא סיים תיכון. על כן, לנשירה מבית הספר עלולות להיות השלכות שליליות ומסוכנות על חיי הנושרים. נערים שנשרו מבית הספר נמצאים בסיכון לעיסוק באלימות, לנטילת סמים ולמחסור בקשרים חברתיים

משמעותיים עם בני גילם, וזאת מעבר להתפתחות הקוגניטיבית המצומצמת שלהם. בהמשך חייהם, הם צפויים למצוא את עצמם בתחתית החברה ולהיתקל בקשיים במציאת עבודה בעלת שכר הולם (קפל–גרין, 2005; סבר, 2002; כהן–נבות ואחרים, 2001). ואכן, חוקרים מגדירים את תופעת הנשירה מבית הספר וניתוקם של נערים ממסגרות נורמטיביות כתופעה חברתית מדאיגה, המייצגת משבר חברתי עמוק ואף טרגדיה לאומית (קפל–גרין, 2005).

תופעת הנשירה משפיעה לרעה לא רק על הנושר עצמו, אלא על כל היבטי החברה. הנשירה מגדילה את היקף הבערות והאבטלה ומחלישה את התשתית הכלכלית ואת תוצר החברה. בנוסף, הנשירה מעבירה את התעניינות החברה מבנייה, מפיתוח ומשגשוג להתעניינות בטיפול ותיקון המצב הקיים. כחלק ממגמה שלילית זו, הנשירה מביאה להנצחת מנהגים מסורתיים שבולמים את התפתחות החברה כמו נישואין מוקדמים, חברה פטריארכאלית, שלילת חברה דמוקרטית וזכויות פרטיות והפיכה של החברה לגזענית, בעלת דעות קדומות, צרת אופקים וחסרת סובלנות. נמצא גם כי הנשירה גורמת להגדלת מספר בתי החולים ובתי הכלא ולהגדלת ההוצאות על טיפול רפואי (משרד החינוך הפלסטיני, 2005). מבחינה פנים–משפחתית, מהווה נשירה את אחד הגורמים לבזבוז כספים, מפני שרבים מהנושרים נעשים נטל על משפחותיהם. במילים אחרות, תופעת הנשירה משפיעה על עתיד המדינה (להב, 2004; Peck et al, 1987). מסיבות אלה ואחרות, צמצום תופעת הנשירה הוא דבר חשוב בכל חברה.

טיפולוגיה של קבוצות הנושרים

בקרב חוקרי תופעת הנשירה, יש המבחינים בין ארבעה סוגים של בני נוער במערכת החינוך על פי נוכחותם או השתתפותם הפיזית והפסיכולוגית: 1) המנותקים, הנעדרים

פיזית ופסיכולוגית, 2) הנעדרים פיזית, אך נפשית עדיין רוצים להיות שייכים, 3) הסמויים, הנעדרים פסיכולוגית אך נוכחים פיזית, ו–4) הלומדים הנוכחים פיזית ופסיכולוגית (Bowen & Richmann, 1997). באופן ממוקד יותר, בנתה סבר (2002) שלוש קטגוריות שונות של "נושרי השכלה": נושרים פורמאליים (שאינם רשומים בבית ספר כלשהו); נושרים סמויים, בהם הנעדרים לסירוגין (נעדרים מבית ספרם לפחות יום בשבוע ללא סיבה מוצדקת) וה"מתגלגלים" (שעוברים שוב ושוב מבית ספר אחד לאחר); ונושרים "מוסללים" (המשובצים בבתי ספר שאינם בפיקוח משרד החינוך או במסלולים שאינם מובילים למבחני בגרות). כל אלו עלולים להיות חסומים בעתיד מלהמשיך ולרכוש השכלה על–תיכונית ולכן ניתן לראות בהם "נושרי השכלה". מנקודת מבטם של הנושרים, מדובר בנסיגה לעומת הפוטנציאל שלהם, ומנקודת ראותה של החברה בכללה – יש כאן בזבוז הון אנושי. חשוב לציין כי נשירה פורמאלית (או, נשירה גלויה) היא הקטגוריה היחידה מבין קטגוריות "נושרי השכלה" שלגביה קיימים לרוב נתונים סטטיסטיים מסודרים, המאפשרים מעקב שוטף. עם זאת, קשה מאד לקבל תמונה ברורה על היקף התופעה, בשל ריבוי הגדרות, מודדים ובסיסי נתונים. לגבי כל שאר הקטגוריות, אין למעשה נתונים מסודרים, קבועים וזמינים (סבר, 2002).

א. הנושרים הפורמאליים: ההגדרה של הנושרים הפורמאליים מתארת מצב של ניתוק פיזי של הנער והנערה ממערכת החינוך המיועדת לבני גילם. בין הנושרים הללו ניתן לזהות שלוש תת קבוצות בולטות: בני נוער שהחליטו על ניתוק ממערכת החינוך והם מפסיקים לחפש חלופות חינוכיות; בני נוער שלאחר תקופת זמן קצרה של ניתוק ממערכת החינוך מחפשים דרך להשתלב בחזרה

במערכת; ובני נוער שבגלל נסיבות חיים, שאינן תלויות בהחלטתם, נשארים מחוץ למערכת החינוך (טרומר ואחרים, 2007; סבר, 2002).

לגבי בדיקת היקף תופעת הנשירה הגלויה, ישנן שתי נקודות מקובלות להתייחסות: האחת היא התייחסות לשנתון הגיל, כלומר בדיקת השיעור משכבת גיל מסוימת שאיננו רשום במסגרת לימודית. בדומה לגישה זו, החליט משרד החינוך הישראלי בשנת 2010 להשתמש בשיטת מדידה שבה שיעורי הנשירה ייקבעו על פי חישוב של שיעור התלמידים הרשומים במסגרות לימודים מסוגים שונים מתוך קבוצת הגיל הרלוונטית (וורגן, 2011). ההתייחסות השנייה עוקבת אחר הדינמיקה של עזיבת בית הספר בשנה מסוימת, כלומר בדיקת שיעור בני הנוער שעזבו את בית ספרם ולא נרשמו לבית ספר אחר, כאשר המדד משקף את שיעור העזיבה השנתי. הבעייתיות במדד זה היא שהוא אינו מביא בחשבון תלמידים שמעולם לא היו בבית ספר. מעבר לכך, שתי שיטות המדידה הללו מתמודדות רק עם תופעת הנשירה הגלויה והמדווחת ולא עם בעיות הנשירה הסמויה והלא מדווחת (להב, 2004; סבר, 2002).

ב. הנושרים הסמויים: הנשירה הסמויה היא מצב שבו הצעיר רשום כתלמיד בבית הספר אך אינו משתתף למעשה בתהליכי הלמידה ואינו מפיק תועלת מהתשומות שבית הספר מציע (סבר, 2002). בקרב אוכלוסייה זו ניתן לזהות תת-קבוצות של בני נוער ברמת סיכון לנשירה סמויה. בתת-הקבוצה הראשונה ניתן למצוא בני נוער הנעדרים בתכיפות גבוהה ולתקופות ארוכות. בתת-הקבוצה השנייה ניתן למצוא את אלו שמתייצבים בבוקר ו"מבריזים" באמצע היום. בתת-הקבוצה השלישית נכללים אותם בני נוער שמגיעים לכיתה, מתיישבים אך בעצם אינם מתחברים למה שקורה באמת. כפי שצוין לעיל, הנתונים המספריים אודות שיעורי

הנשירה בדרך כלל משקפים אך ורק את הנשירה המזוהה, הגלויה והמדווחת בנקודת הזמן של הבדיקה, ואינם משקפים את הנשירה הסמויה והפחות מדווחת, שבסופה מביאה לתוצאה זהה כמו הנשירה הגלויה (להב, 2004).

למרות זאת, שתי תופעות, שלגביהן קיימים נתונים מסוימים בידי המערכת, עשויות לשמש סמני התרעה לנשירה סמויה. האחת היא ביקור לא סדיר בבית הספר, בין אם הוא רציף או "בתפזורת". היעדרות "בתפזורת", כלומר היעדרות עקבית אך מפוזרת על פני תקופה, שלא מסיבות מחלה או נסיבות אחרות שבית הספר מקבל כמוצדקות, היא פחות בולטת לעין מאשר היעדרות רצופה ולכן עלולה לחמוק מתשומת ליבם של המורים במשך זמן רב. התופעה השנייה היא ניידות בין־מוסדית (או "המתגלגלים"). היא כרוכה לרוב בשהייה ארוכה של בני נוער, במשך שבועות או חודשים, ללא מסגרת חינוכית, ולאחר מכן נדרשים מאמצים רבים כדי לאקלמם במוסד לימודים חדש. רבים מה"מתגלגלים" בין מוסדות הלימוד מאבדים אמון במערכות החינוך ואף יותר מכך – בעצמם (סבר, 2002).

ג. "המוסללים": לצד תופעות הנשירה הסמויה והגלויה, יש להזכיר את תופעת "המוסללים". אלו תלמידים שלומדים במסלולי לימודים שאינם מסתיימים בהגשתם לבחינות הבגרות. מדובר, בעיקר, במסלולי לימוד בבתי ספר שאינם בפיקוח משרד החינוך, בתי ספר מקצועיים ומגמות טכנולוגיות לא־בגרותיות, אך גם בנתיבים "חצי־בגרותיים", שבהם מכינים את התלמידים רק לחלק מבחינות הגמר. במשרד החינוך הישראלי למשל טוענים כי אין מסלולים לא־בגרותיים. העובדה שחלק מהתלמידים במסלולים המכונים "בגרותיים" אינם מיועדים לגשת למינימום המזכה אותם בתעודת בגרות נרשמת בעיקר "פוסט־הוק", בסוף כיתה י"ב, אף כי במקרים רבים היא ידועה מראש (שם).

פרופיל הנער הנושר

שכיחותה של תופעת הנשירה הובילה למספר רב של מחקרים שעסקו בניסיונות לאפיין את פרופיל הנערים הנושרים. קפל-גרין ומירסקי (2009) הצביעו על המאפיינים הכלליים הבאים של נער נושר: מעמד סוציו-אקונומי נמוך; השתייכות לקבוצת מיעוט אתנית; משפחה הנתונה במצוקה ומזניחה את ילדיה; דימוי עצמי נמוך; חוסר ביטחון בהתנהלות; והישגים לימודיים נמוכים. להב (2004) התייחס גם להיעדר מיומנויות והרגלי למידה, להימצאות במגמות, בהקבצות או במסגרות נמוכות ה"משדרות" ציפיות נמוכות, להיעדרויות תכופות וממושכות מבית הספר, להתנהגויות בעייתיות (בעיות משמעת, אלימות, עבריינות, שימוש בסמים וכדומה) ולהיסטוריה של נשירה ומעברים בין מסגרות. לכך ניתן להוסיף יחסים מתוחים עם המשפחה ורמת השכלה נמוכה של ההורים. לבסוף, חלק לא קטן מן הנערים הנושרים עובדים בעבודות מזדמנות על אף גילם הצעיר (חסנין ואל-ג'איח, 1993).

באשר לפרופיל הנושר הסמוי, מור (2006) מנתה בין השאר את המאפיינים הבאים כאינדיקטורים לנשירה סמויה: היעדרויות משיעורים, אי רציפות בלמידה, אי הכנת שיעורי בית, אי קבלת סמכות של מבוגרים, מעורבות בתקריות, התנהגות חריגה וקשיים במעורבות חברתית. מור גם הסבירה כי הנושר הסמוי מתפקד באופן לא אחיד מול נורמות בית הספר (הבאת ציוד נדרש, קבלת דרישות המסגרת וכדומה). הוא אינו ממצה את יכולתו, עובר ממצב של תפקוד לאי-תפקוד בזמן השיעור, ממלא באופן לא רציף אחר מטלות הלמידה ומתחמק מלהגיע לבחינות. התוצאה היא הישגים לימודיים נמוכים, שעלולים גם הם להוביל לנשירה. כמו כן, הנושר הסמוי נוטה לקבל סמכות רק מדמויות מסוימות ומשתף פעולה עם מורים מסוימים רק משום

שהוא מחבב אותם או חושש מהם. הוא מבטל, מורד, מתעלם מסמכות, פרובוקטיבי, בז לחלק מן המבוגרים ואינו סומך עליהם. הוא מעורב באופן מזדמן באלימות, מתקשה ליצור חברויות, מסתובב עם חברים מנודים ואינו מייצר קשרי אינטימיות. ככלל, הוא אינו חש שייך למסגרת הכיתתית.

1

גורמים לנשירה

בנוסף לבדיקת מאפייני הנער הנושר, מחקרים רבים עסקו בסיבות לנשירת תלמידים מבתי ספר; סיבות שיעמדו במרכזו של מחקר זה. לנשירה מבית הספר גורמים רבים, וכשנער או נערה נושרים מדובר לרוב בשילוב של מספר גורמים. התפיסה הרווחת כיום בספרות המקצועית היא שנשירה היא תוצאה של תהליך לו שותפים הנער, בית הספר, המשפחה והסביבה התרבותית (כהן-נבות ואחרים, 2001).

אחד הגורמים המרכזיים שהובלטו במחקרים של השנים האחרונות נוגע להשפעתם של מערכת החינוך ובתי הספר על תהליך הנשירה (קפל-גרין, 2005). למאפייני בית הספר, למבנהו ולדרכי פעולתו יש תפקיד חשוב בהגברת הסיכון לנשירה או בהקטנתו. משאבים ושירותים בלתי מספיקים, איכות נמוכה של הוראה, תחלופה גבוהה של מורים, יחסים גרועים בין מורה לתלמיד, אי-רלוונטיות של תוכנית הלימודים, היעדר נתיבים מקצועיים, שידור ציפיות נמוכות לתלמידים, חוסר התעניינות בהם, טיב האקלים הבית-ספרי והיחסים בין ילדים למורים עלולים כולם להגביר את שיעור הנשירה (טרומר ואחרים, 2007; הראל ואחרים, 2002; סבר, 2002; כהן-נבות ואחרים, 2001; Fine, 1986).

מחקרים רבים מצביעים על מאפיינים של בני הנוער עצמם כגורמים לנשירה. בין מאפיינים אלה: קשיים לימודיים והישגים נמוכים, לקויות למידה שלא אובחנו, בריאות לקויה, בעיות רגשיות, דימוי עצמי נמוך, טראומה אישית,

בעיות חברתיות ורמת מיומנויות נמוכה. הכישלון הלימודי מלווה, בדרך־כלל, גם בחוסר תפקוד במסגרת, המתבטא בהיעדרויות או בבעיות התנהגות קשות העשויות לכלול שימוש בסמים ועבריינות (כהן־נבות ואחרים, 2001; סבר, 2002). גם נישואין מוקדמים או היריון עשויים להוביל לנשירה מן הלימודים (Bradley & Renzulli, 2011). יש לציין כי מחקרים שונים הציגו נישואין מוקדמים כסיבה אישית לנשירה, אולם במחקר זה תוצג סיבה זו כסיבה תרבותית, בשל הנטייה לנישואין אלה בחברה הערבית.

גם גורמים משפחתיים עלולים להביא לנשירה. הם נוגעים למיעוט משאבים כלכליים, לרמת השכלה נמוכה של ההורים, לתפקוד לקוי של המשפחה, לאדישות של ההורים כלפי מערכת החינוך, להיעדר תמיכה בנערים ולציפיות נמוכות – או גבוהות מדי – מן הילד. כאשר ההורים הם שמעוניינים שהבן/בת ינשרו מבית הספר, כדי לעזור בפרנסת המשפחה, יש בכך כדי להאיץ תהליכי נשירה. נמצא כי נשירה של מתבגרים מושפעת ממצבה הסוציו אקונומי של משפחתם כמו גם משוק העבודה המקומי (McNeal, 2011).

בהקשר זה, תפיסה רווחת כיום היא כי הסיבה המרכזית לנשירה מבתי ספר ברחבי העולם היא שילוב בין עוני, מחסור של משאבים בית־ספריים ואי צדק בחלוקת משאבים. יש שיוצאים נגד תפיסה זו וסבורים כי התמונה מורכבת יותר וכוללת ערכים מנוגדים בין מערכת בית הספר לבין הורי התלמידים ביחס למטרות החינוך; בין תוכנית הלימודים למורים ביחס לתפקידם בכיתה מול הידע המוצג בספרי הלימוד; בין מדיניות חינוך ממשלתית לבין אזורים עניים ביחס לחלוקת משאבים, וכדומה (Chung & Mason, 2012).

בהמשך לקו זה, מחקרים העוסקים בנשירה מתמקדים גם בגורמים תרבותיים. בני נוער מרקע תרבותי שונה מאופיינים בשיעורי נשירה שונים.

הבדלים בנורמות ובציפיות של ילדים ובני נוער הבאים מרקע תרבותי שונה מזה הדומיננטי בבית הספר עשויים לעתים להביא לקשיים בהתמודדות עם דרישות בית ספר. כמו כן, לעמדות של סביבת בני הנוער על חשיבות המסגרת הלימודית ישנה השפעה על בחירתם לעזוב את המסגרת לפני סיומה (קפל–גרין, 2005). ההורים בקהילות הרואות את ההשכלה ככלי חיוני וחשוב דואגים לכך שילדיהם יישארו בבית הספר ויעשו מאמצים לעמוד בדרישות שלהם מהם (סבר וגור, 2001).

כפי שכבר צוין, הנשירה נובעת לעתים קרובות משילוב של כמה מהגורמים שהוצגו עד כה. באופן כללי יותר, בכמה מחקרים שנעשו, נתפסה הנשירה כתוצר של אינטראקציה בין מאפייני סביבת התלמיד לבין מאפייני בית הספר. מודל שהוצג בהקשר זה מתייחס לגורמים דוחפים ולגורמים מושכים נשירה. הגורמים הדוחפים נמצאים בבית הספר עצמו ומשפיעים על הקשר השלילי שיוצר התלמיד עם סביבת בית הספר. דחיית תלמיד את בית הספר מתבטאת בהתנהגות מפריעה, בהיעדרויות תכופות ובהפסקת המאמץ הלימודי שלו. הענשת התלמיד באמצעות השעיה מלימודים או הכשלה בציונים גורמת לכישלון מתמשך המוביל לנשירה. מנגד, הגורמים המושכים הם אלה הנמצאים בסביבתו של הנער, מחוץ לבית הספר. הכוונה היא למשפחה, לשכונה, לשירותים קהילתיים ולמוסדות דת וחוק. כל קונפליקט בין מטרות בית הספר לבין הכוחות החברתיים מחוץ לבית הספר, מפריע להיותו של הנער תלמיד המצליח בלימודיו. שני סוגי הגורמים הללו, דוחפים ומושכים, פועלים יחד ומשפיעים על הנסיבות המביאות את התלמיד, בסופו של דבר, לנשירה מהלימודים (קפל–גרין, 2005; Jordan et al 1996; Bradley & Renzulli, 2011).

2

דרכי הטיפול בתופעת הנשירה

עם השנים פותחו בעבור בני נוער מתקשים ונושרים תוכניות שונות. מרבית התוכניות החינוכיות לבני נוער עם קשיי הסתגלות דוגלות בקידום הישגים לימודיים וקידום ההסתגלות החברתית והרגשית של הנער/ה. קיימות תוכניות השמות דגש על לימודים עיוניים, מתוך סברה כי יש להשקיע את מירב המאמצים להשלמת פערים לימודיים יסודיים במיומנויות היסוד (קריאה, כתיבה, חשבון). בניגוד לתפיסה זו, קיימות תוכניות רבות לנוער מתקשה המדגישות הכשרה מקצועית והכנה לחיי עבודה (קפל-גרין, 2005). לתוכניות אלו, שיכולות לכלול גם למידה בקבוצות קטנות ותשומת לב אישית יותר, נרשמה הצלחה בשיפור התפקוד הכללי של בני הנוער במסגרות אלו, עליה בהישגים לימודיים ושיפור בתחושת הביטחון של בני הנוער (Hayward & Tallmadge, 1995). בנוסף, קיימות מסגרות המכוונות לשיקומם הרגשי-חברתי של בני נוער שכבר נשרו (קפל-גרין, 2005).

חלק מהתכניות מתקיים במסגרת נפרדת מחוץ לבתי הספר הרגילים, ובקבוצות מצומצמות, מתוך תפיסה כי במסגרות אלו מתאפשרת השקעה בתלמידים והתחשבות רבה יותר בצורכיהם המגוונים (Loto, 1982). חלקן האחר של התוכניות מתקיים בתוך בתי הספר הרגילים. בחינוך העל-יסודי אחת האסטרטגיות החינוכיות היא הצבת מסלולים שונים זה מזה בתוכנית הלימודים: מסלול ללימודים עיוניים, המכוון בדרך כלל להמשך לימודים אקדמיים, ומסלול

ללימודים מקצועיים. דרך נוספת למתן מענה לתלמידים מתקשים היא פיתוח תוכניות למניעה ישירה של נשירה, אולם תוכניות אלו עלולות ליצור סטיגמה שלילית על בני הנוער שהוצאו משיעורים רגילים או למדו בכיתות מיוחדות שנתפסו כחלשות (קפל-גרין, 2005).

מחקרים רבים נעשו ברחבי העולם אודות הצלחתן וכישלונן של תוכניות כאלה ואחרות. מחקרים אלה המליצו כי תוכניות למניעת נשירה צריכות להציב את התלמיד במרכז; להתחיל מוקדם ככל האפשר; לערב את המשפחות ככל הניתן; להתחשב באווירה הכללית של בית הספר (Peck et al, 1987); להציב ציפיות ברורות; לכלול מספר לא גבוה מדי של תלמידים; להכווין לקבלה לשוק העבודה ולהשגת הכשרה נוספת; להעניק כישורים ועצות לקריירה (Hayward & Tallmadge, 1995; ולשלב מגוון אסטרטגיות (Loto, 1982).

3

❧

נשירה בישראל ובשטחים הפלסטיניים

במשך עשורים שלמים, הסכסוך הישראלי–פלסטיני, ובתוכו המאבק על מעמדה של ירושלים המזרחית, הציב את שני הצדדים ביריבות מזוינת קשה. מלחמה, הרס, וחורבן אפיינו מצב זה. הנושאים שסובבים את הסכסוך הזה מקבלים תשומת לב כמעט חסרת פרופורציות בתקשורת ביחס לסכסוכים בינלאומיים אחרים. מה שנראה כי ברח מתחום הסיקור הבינלאומי, או אפילו המקומי, הוא החינוך של הילדים החיים את הסכסוך הזה והנשירה ממנו. לפני סקירת תופעת הנשירה במזרח ירושלים, יש צורך לסקור את הנשירה ממערכת החינוך הישראלית ומזו הפלסטינית, שכן שתיהן מפקחות על בתי ספר במזרח העיר.

נשירה בישראל — מאפייניה ודרכי הטיפול בה:

היקפה של הנשירה מבתי הספר בישראל הצטמצם במידה ניכרת במרוצת השנים (קפל–גרין, 2005). המדד הבינלאומי מצביע על כך ששיעורי הנשירה בישראל נמוכים מהממוצע של מדינות ה–OECD. מן הדוח של הארגון לשנת 2010 עולה כי שיעור המסיימים לימודים תיכוניים בישראל בקבוצת הגיל המתאימה הוא 90%, והוא גדול מן הממוצע במדינות הארגון, העומד על 80%. שיעורי אי–הלמידה בבתי הספר בישראל מצביעים על ירידה עקבית בשיעורי הנשירה, ברוב נקודות המעבר בין הכיתות, הן בקרב האוכלוסייה היהודית והן באוכלוסייה הערבית (סבר, 2002). מנתוני הלשכה הישראלית המרכזית לסטטיסטיקה עולה

כי שיעור התלמידים בכיתות ז'–י"ב שנשרו מבתי ספר שבפיקוח משרד החינוך ואינם לומדים במסגרת לימודים חלופית מוכרת עמד בשנת 2010 על 2.2% מכלל התלמידים בכיתות אלה. ללא התלמידים הערבים במזרח-ירושלים, שנתוניהם יוצגו בהמשך, השיעור עומד על 2% בלבד. שיעור הנשירה במגזר הלא-יהודי כפול משיעור הנשירה במגזר היהודי – 3.6% לעומת 1.7% בהתאמה. יש לציין כי עשרת היישובים שבהם שיעור הנשירה הגבוה ביותר בישראל משתייכים כולם למגזר הלא-יהודי (וורגן, 2011). באשר לנשירה הסמויה, מחקרים שנעשו בשנים האחרונות על ידי מכון ברוקדייל הראו כי הנשירה הסמויה בישראל מקיפה לפחות אחוז דומה לזה של הנשירה הגלויה. כלומר, על כל נער שידוע כנושר גלוי נמצא נער נוסף כנושר סמוי שאינו מדווח, ולכן אינו מופיע בסטטיסטיקות (להב, 2004).

הממצאים במחקרים מראים כי אוכלוסיית הנוער הנושר בישראל היא הטרוגנית ורב תרבותית וכי היא מורכבת מבני נוער ותיק, בני נוער עולה, "בני טובים", בני קיבוצים ומושבים, ערבים, דרוזים ובדואים. בני הנוער הנושרים בישראל מתאפיינים בפערים לימודיים משמעותיים, המתבטאים בהישגים לימודיים נמוכים מאוד, בהיעדרויות מרובות, בהערכה עצמית נמוכה, ברקע משפחתי בעייתי (משאבים דלים ובעיות בתפקוד הורי), בבעיות ביחסים עם ההורים, בבעיות התנהגות המגיעות לכדי אלימות ובהיקף רב במיוחד של התנהגות שולית כמו שימוש באלכוהול או סמים ומעורבות בפלילים (כהן-נבות ואחרים 2001; קפל-גרין, 2005). משפחותיהם של רבים מבני הנוער הנושרים בישראל מאופיינות במצבים העשויים להעיד על קושי של המשפחה להעניק את מסגרת התמיכה הדרושה לבני הנוער על מנת להתמודד ולהצליח בלימודים. הממצאים במחקר שערכו כהן-נבות ועמיתיה (2001) מראים כי רבים מבני

הנוער הנושרים בישראל (80%) חיים במשפחות ממעמד סוציו–אקונומי נמוך
ונמצאים במצוקה כלכלית. הן אנשי מקצוע והן נושרים ציינו כי בעיות בתפקוד
בלימודים והתנסות שלילית של הנער/ה בבית הספר הן הסיבות המרכזיות
לנשירה בישראל. רק מיעוט קטן מבני הנוער היהודים שנסקרו בסקר הארצי
סיפרו כי משפחתם עודדה אותם לעזוב את בית הספר. בניגוד להם, בני הנוער
הערביים דיווחו יותר על תמיכה בהחלטה לעזוב את בית הספר מצד הוריהם
וחבריהם. בני נוער אלו ציינו כי עזבו את הלימודים על מנת לעזור בפרנסת
המשפחה (כהן–נבות ואחרים 2001; קפל–גרין, 2005). יש לציין כי מרבית בני
הנוער היהודיים העוזבים את הלימודים בבתי הספר הרגילים ממשיכים ללמוד
במסגרות חינוך אלטרנטיביות, בעיקר בבתי הספר הטכנולוגיים, במרכזי נוער
ובמרכזי חינוך, ואילו בקרב האוכלוסייה הערבית רק מיעוט מבני הנוער העוזבים
את בית הספר הרגיל עוברים למסגרת אלטרנטיבית כאשר רבים אחרים נקלטים
בשוק העבודה (כהן–נבות ואחרים 2001).

רבים מהמאמצים הנעשים במערכת החינוך הישראלית להתמודדות עם
נשירה מכוונים לגורמי הסיכון הקשורים במאפיינים של התלמידים עצמם.
המאמצים מתייחסים בנוסף לאיכות נמוכה של שירותי החינוך שנותן בית–
הספר או לאי–יכולתו לתת מענה לצרכים אינדיבידואליים מגוונים. גם מערכות
מסייעות כמו מערך קציני הביקור הסדיר (קב"סים), שירותי קידום נוער,
השירות לנערה במצוקה, השירות לנוער וצעירים וכדומה, מתמקדות במאפייני
הצעירים הנושרים, וחלקן גם בהידוק הקשר עם המשפחה. מתוכן, הקב"סים
הינם הזרוע הישירה של משרד החינוך הישראלי לטיפול בתופעת הנשירה.
המחלקה לביקור סדיר הינה היחידה האחראית למעקב אחר יישום חוק חינוך
חובה. תפקידיו של הקב"ס כוללים איתור של תלמידים שאינם רשומים בבית

הספר, מעקב אחר תלמידים במעבר, בסיכון או במשבר, עבודה משותפת עם התלמיד, המשפחה ובית הספר במטרה למנוע נשירה וכן דיווח למשרד החינוך על הטיפול בתלמידים. אולם, רוב הקשר עם המשפחות נתון, בדרך–כלל, בידי שירותי הרווחה, המתמקדים בגורמי סיכון הקשורים למאפיינים שלהן (סבר, 2002). באותו הקשר, פועלים בבתי ספר יועצים חינוכיים אשר מטפלים בתלמידים ופועלים למען התמדתם בלימודים (טרומר ואחרים, 2007).

לצד זאת, מערכת החינוך הישראלית מקיימת בתוך בתי הספר תוכניות רבות ושונות למניעת נשירה ולקידום תלמידים חלשים (כהן–נבות ואחרים, 2001). חלק מהתוכניות מיועדות לילדים ובני נוער מתקשים או הנמצאים בסיכון. חלקן נועדו לשפר הישגים לימודיים או לשפר את ההסתגלות הרגשית והחברתית. תוכניות אחרות מכוונות לכלל אוכלוסיית התלמידים ולשיפור כלל הפעילות של המערכת הבית–ספרית מבחינת מצב ההוראה, היקף המטרות החינוכיות של בית הספר, השירותים המיוחדים הניתנים לתלמידים מתקשים וחיזוק הקשרים בין בית הספר, הבית והקהילה. במטרה להגדיל את אחוזי הזכאות לתעודת בגרות ולצמצם את שיעורי הנשירה, מופעלות תוכניות שנועדו גם להחזיק יותר תלמידים במערכת וגם להחזיר תלמידים שכבר נשרו ממנה. אולם, מהספרות העוסקת בתכוניות מניעה וטיפול לנוער נושר, מצטייר שההצלחה המושגת בתוכניות אלה היא מעטה, וכי המסגרות הקיימות מקנות מענה חלקי בלבד לבעיית הנוער הנושר (קפל –גרין ומירסקי, 2009).

בנוסף לתוכניות של בתי הספר, קיימות עבור נוער נושר בישראל תוכניות של משרד התעשייה, המסחר והתעסוקה, כמו קבוצות מכונאות רכב, מרכזי למידה ומועדוני נוער. בתמיכת משרד החינוך, מתקיימים בתי ספר לנושרים המכוונים להביאם להשגת תעודת בגרות. כמו כן, קיימות מסגרות פנימייתיות לנוער נושר.

הנשירה בשטחים הפלסטיניים

הסכסוך המתמשך עם ישראל, הפילוגים הפנימיים ושיעורי העוני הגדלים בשטחים הפלסטיניים עיכבו את התקדמות חינוך הילדים וסיכנו את המוניטין הטוב לו זוכה החינוך הפלסטיני לעומת מערכות חינוך אחרות במזרח התיכון לפי ארגון יוניצף. אך חרף התנאים החברתיים והפוליטיים הבעייתיים נוכח הסכסוך המתמשך ועל אף בעיות מתמשכות כמו כיתות צפופות שאינן מצוידות היטב, אפשרויות החינוך של הפלסטינים בגדה המערבית וברצועת עזה גדלו עם השנים וחלה עלייה בשיעורי ההצטרפות לבתי הספר. עם זאת, פלסטינים לא מעטים עדיין רואים בחינוך כלי להכנת נערות לטיפול בילדיהן ובבני זוגן יותר מאשר כלי להשגת עבודה. לכן, העמדות החברתיות כלפי מטרת החינוך עדיין שמרניות.

מבחינה היסטורית, עד שנת 1967 לפלסטינים בגדה המערבית וברצועת עזה הייתה מערכת חינוך חצויה, שפעלה במקביל למערכת החינוך הישראלית. החינוך בעזה התבסס על תוכנית הלימודים המצרית, בעוד שהחינוך בגדה המערבית התבסס על המערכת הירדנית. ב–1967, לאחר כיבוש הגדה המערבית, ירושלים המזרחית ועזה בידי ישראל, המשיכה דואליות זו להתקיים אך מערכת החינוך עברה לידי השלטון הישראלי והזהות וההיסטוריה הפלסטינית נמחקו מספרי הלימוד. לאחר החתימה על הסכמי אוסלו ב–1994 ותחילת העברת הסמכויות מישראל לרשות הפלסטינית, ניתנה למשרד הפלסטיני לחינוך ולהשכלה גבוהה אחריות הפיקוח על מערכת החינוך הפלסטינית. בנוסף למשרד זה, הוקמה המועצה להשכלה גבוהה, שבראשה עומד שר החינוך הפלסטיני. החינוך הפלסטיני הכללי כולל את החינוך היסודי מכיתות א׳ עד י׳ ואת החינוך התיכוני לכיתות י״א ו–י״ב. החינוך מכיתה א׳ עד י״ב הוא חובה, כאשר עד

כיתה י׳, הוא גם חינם. המערכת מספקת הכשרה טכנית–מקצועית, באמצעות בתי ספר מקצועיים ומרכזי הכשרה טכניים–מקצועיים. כשלושה רבעים מתוך בתי הספר במערכת החינוך הכללית הפלסטינית (א׳–י״ב) הם בתי ספר ציבוריים (ממשלתיים). השאר הם בתי ספר פרטיים ושל סוכנות אונר״א, לה יש מנדט מיוחד לספק חינוך לפליטים הפלסטינים. בסוף כיתה י״ב מתקיימות בחינות הנקראות תוג׳יהי, המקבילות לבחינות הבגרות (נח׳לה, 2003).

נושא הנשירה מבתי הספר הוא בין הנושאים התרבותיים והחברתיים החשובים בחברה הפלסטינית והוא משפיע על עיכוב התקדמותה. במהלך שנת הלימודים 2010–2009, 3.65% מתלמידי התיכון בשטחים הפלסטיניים נשרו מהלימודים, רובם בנים. הסיבות לנשירה נעו בין נישואין מוקדמים להישגים נמוכים והצטרפות לשוק העבודה. נתון נוסף משנת לימודים זו הוא ש–22% מהילדים בגדה המערבית ובמזרח ירושלים לא נרשמו כלל לבתי ספר תיכוניים, מתוכם 75% גברים (Gough, 2011).

על פי המכון למחקרי מגדר באוניברסיטת ביר–זית, כחלק ממגמה להגביר את המודעות בדבר חשיבות הלימודים, פרסם משרד החינוך הפלסטיני מידע בקרב המשפחות אודות נזקי הנישואין המוקדמים וכן בנושא הנשירה, סיבותיה והסכנות הטמונות בה. המשרד גם הקים ועדה מיוחדת לטיפול בתופעת הנשירה והשיק תוכנית לצורך טיפול בחולשות של תלמידים בעלי הישגים נמוכים. תוכנית אחרת של המשרד נועדה להשיב את התלמידים הנושרים לבתי הספר ולסייע להם להצטרף לשוק העבודה לאחר תום לימודיהם.

4

❦

החינוך במזרח ירושלים

מסמך זה יתמקד במערכת החינוך ובשיעורי הנשירה של תלמידים המתגוררים במזרח ירושלים, שהוא אחד האזורים המסוקרים ביותר בזירה הבינלאומית ובעל שיעורי הנשירה הגדולים ביותר בקרב המגזר הערבי בישראל. סוגיות שונות, בייחוד פוליטיות, הופכות את המקרה של הערבים בירושלים למיוחד, ובהן: קיומה של גדר המפרידה בין תלמידים לבתי הספר שלהם, מערכת חינוך שאינה ריכוזית ומחסומי שפה המשפיעים על מבחנים וזכאות לבתי הספר. ביוני 1967, לאחר מלחמת ששת הימים, סיפחה ישראל את ירושלים המזרחית לגבולות המוניציפאליים של זו המערבית והחילה עליהם את החוק הישראלי. לאחר סיפוח שטחים אלה ערכה בהם ישראל מפקד אוכלוסין והעניקה מעמד של "תושב קבע" לכל מי שהיה תושב השטח המסופח ונמצא בו בעת עריכת המפקד. מי שקיבל מעמד זה היה יכול לקבל אזרחות ישראלית אם רצה בכך (סבר, 2002). כיום, רוב התושבים הפלסטינים במזרח ירושלים מחזיקים במעמד של "תושב קבע" של ישראל. הם נדרשים לשלם מסים וזכאים להצביע בבחירות לרשות המקומית ולקבל את ההטבות שמחלקת העירייה. כתוצאה מכך, ממשלת ישראל נדרשת לספק להם שירותים סוציאליים בסיסיים, ובכללם חינוך ציבורי חינם, תחת החוק הבינלאומי והישראלי.

בירושלים המזרחית חיים נכון לשנת 2011 כ־360,000 תושבים פלסטינים, המהווים כ־38% מכלל תושבי העיר. מתוכם, כמעט 107,000 הם ילדים ונערים

בני 6 עד 18, דהיינו בגילאים שבין כיתה א׳ לכיתה י״ב (האגודה לזכויות האזרח בישראל, 2012; עליאן ואחרים, 2012). שיעור העוני במזרח ירושלים עומד על 78% מכלל האוכלוסייה ו–84% מקרב הילדים (עליאן ואחרים, 2012; אנדבלד ואחרים, 2010). העוני וההזנחה במזרח ירושלים תורמים לשורה של תופעות חברתיות קשות שפושות בה ופוגעות בילדיה: פגיעה במערכת המשפחתית, גילויי אלימות במשפחה, ירידה בתפקוד הילדים, כניסה מוקדמת לשוק העבודה השחור וכפי שיידון במחקר זה – שיעורי נשירה גבוהים ממערכת החינוך (האגודה לזכויות האזרח בישראל, 2010; עליאן ואחרים, 2012).

מערכת החינוך במזרח ירושלים סבוכה מאוד. היא נחלקת בחלוקה גסה לשני חלקים – מערכת חינוך ציבורית ומערכת חינוך פרטית. במערכת החינוך הציבורית (או העירונית) נכללים הן מוסדות חינוך מוכרים ורשמיים מטעם משרד החינוך הישראלי (בתי הספר של מנח״י – מנהל החינוך של עיריית ירושלים הפועל בשיתוף עם משרד החינוך) והן מוסדות חינוך מוכרים שאינם רשמיים. מוסדות מוכרים שאינם רשמיים מוקמים ומופעלים במימון פרטי, אך מקבלים מימון גם ממשרד החינוך, בשיעור של עד 85% משיעור התקצוב לתלמיד במוסד חינוך רשמי. מערכת החינוך הפרטית כוללת מצדה מוסדות שאינם רשמיים ואינם מוכרים מבחינת משרד החינוך הישראלי, המופעלים בידי גופים פרטיים עסקיים, בידי גופים דתיים, כגון הווקף המוסלמי והכנסיות, ובידי סוכנות הסיוע של האו״ם לפליטים פלסטיניים, אונר״א (עליאן ואחרים, 2012). ברוב בתי הספר במזרח ירושלים ישנה הפרדה מלאה בין בנים ובנות (וורגן, 2006). לפי נתונים שהובאו בדוח פלסטיני רשמי מיוני 2012, לומדים בכל מוסדות החינוך באזור זה 93,000 תלמידים (אל–חיאת אל–ג׳דידה, 2012). בסוף שנת 2011, על פי דוח עמותת ״עיר עמים״ והאגודה הישראלית לזכויות האזרח, למדו 86,018 ילדים בכל

מסגרות החינוך במזרח ירושלים. הטבלה הבאה הובאה בדוח זה ומבוססת
על נתונים מעיריית ירושלים (עליאן ואחרים, 2012):

לוח 1: תלמידים ערבים במוסדות חינוך במזרח ירושלים לפי סוג המוסד (2012)

סוג מוסד החינוך	מספר גני חובה ובתי ספר	מספר הילדים
רשמי	86 גני חובה 54 בתי ספר	42,474 ילדים, מהם: 2,277 ילדים בגני חובה 38,704 תלמידים בבתי ספר 1,493 ילדים בחינוך מיוחד
מוכר שאינו רשמי	53 גני חובה 70 בתי ספר	28,280 ילדים, מהם: 3,027 ילדים בגני חובה 25,253 תלמידים בבתי ספר
בתי ספר פרטיים, של אונר"א ושל הווקף	83 בתי ספר, כולל: 40 בתי ספר של הווקף האסלאמי 8 בתי ספר של אונר"א 35 בתי ספר פרטיים	20,568 תלמידים, מהם: 12,550 תלמידים בבתי ספר של הווקף 2,442 תלמידים בבתי ספר של אונר"א 5,576 תלמידים בבתי ספר פרטיים
סה"כ	139 גני חובה 207 בתי ספר	91,322 ילדים במוסדות חינוך, מהם: 5,304 ילדים בגני חובה 86,018 תלמידים בבתי ספר

עד הסכמי אוסלו, תוכנית הלימודים במזרח ירושלים הייתה תוכנית הלימודים
הירדנית. מאז הסכמים אלו, מזה כ-20 שנים, מופעלת באזור זה תוכנית
הלימודים של הרשות הפלסטינית. כיום, ברובם המכריע של מוסדות החינוך

הרשמיים והמוכרים שאינם רשמיים במזרח ירושלים לומדים על פי תוכנית הלימודים הפלסטינית ונבחנים בבחינות הפלסטיניות המקבילות לבחינות הבגרות. באשר לפיקוח, במזרח ירושלים פועלים כמה מפקחים כוללים על מוסדות החינוך הרשמיים. כמו כן, פועלים כמה קציני ביקור סדיר. המנהלים והמורים במוסדות החינוך הרשמיים מועסקים מטעם משרד החינוך ועיריית ירושלים. מנגד, לא מתקיים פיקוח רצוף של משרד החינוך או של מנח"י על הלימודים במוסדות החינוך המוכרים שאינם רשמיים (וורגן, 2006).

מערכת החינוך במזרח ירושלים סובלת מכמה בעיות מרכזיות, ובראשן מחסור קשה בתשתית פיזית של כיתות לימוד. המחסור בכיתות לימוד עמד בקיץ 2012 על כ–1,100 כיתות, ביניהן 720 כיתות חדשות שנדרשות על מנת להחליף כיתות קיימות השוכנות במבנים לא תקניים וכ–400 כיתות חדשות שיוכלו לקלוט בבתי הספר הרשמיים את רבבות ילדי העיר שנאלצים לפנות לבתי ספר חלופיים או להישאר נטולי השכלה פורמאלית. כתוצאה מהמחסור בכיתות, מורגשת בכיתות הקיימות צפיפות קשה, הרבה מעבר לזו הקיימת בחלקה המערבי של העיר: בבתי הספר היסודיים הרשמיים שבעיר המזרחית ישנם 32 תלמידים בממוצע בכיתה, לעומת ממוצע של 25 תלמידים בכיתה במערב העיר. בבתי הספר העל–יסודיים הרשמיים בירושלים המזרחית לומדים 32 תלמידים בממוצע בכיתה, ואילו במערב העיר ישנם 24 תלמידים בממוצע לכיתה. למידה בתנאי צפיפות משפיעה באופן ישיר על איכות הלימוד, על האפשרות של המורה להעניק יחס ראוי לכל תלמיד ועל יכולת הריכוז של התלמידים. מעבר לכך, מאות כיתות מוגדרות בלתי תקינות (עליאן ואחרים, 2012). מעבר לצפיפות, מורגש בבתי הספר מחסור בחצרות, באמצעי חימום ומיזוג ובציוד טכנולוגי.

לצד הפער העמוק בתשתיות הפיזיות של מוסדות החינוך במזרח ירושלים
לעומת אלה שבמערב העיר, קיימים פערים עצומים גם במערך כוח האדם
המקצועי ובאיכות החינוך בין מזרח העיר ומערבה. הפערים במערך הייעוץ
החינוכי הם דוגמה לכך: בשנת הלימודים ב־2011 היו במערכת החינוך הרשמית
במזרח העיר 21 יועצים בלבד, שהיו אמונים להטות אוזן לכ־42,500 תלמידים,
כלומר: יועץ אחד ליותר מ־2,000 תלמידים. באותה עת, הועסקו במערכת
החינוך במערב ירושלים למעלה מ־250 יועצים חינוכיים עבור מספר קרוב של
תלמידים – יותר מפי 12 יועצים חינוכיים מאלו שבמזרח העיר (שם).

בנוסף, דרכם של ילדי ירושלים המזרחית לבית הספר רצופה לעתים
חתחתים. במזרח ירושלים רבים התלמידים הנזקקים להגיע בהסעה ללימודים
משום שבתי ספר בשכונתם מלאים עד אפס מקום. רוב התלמידים המשתמשים
בהסעות הם תושבי השכונות הירושלמיות שמעבר לגדר ההפרדה, אשר מדי יום
מגיעים למחסום ומשם נוסעים לבתי ספר בשכונות שבתוך הגדר. משך ההגעה
לבית הספר לילדים אלו עשוי להגיע לשעתיים בכל בוקר ולעתים הם מפסידים
בשל כך את תחילתו של יום הלימודים (שם).

הספרות הקיימת על נשירה במזרח ירושלים

כפועל יוצא מהגדרת תופעת הנשירה המורכבת והדינמית ומשיטות הבדיקה
והכימות הקיימות לגבי תופעה זו, מתפרסמים לאורך השנים מספרים ונתונים
שונים על ידי גורמים שונים לגבי היקפה במזרח ירושלים (להב, 2004). מחקרים
ודוחות שנעשו בנושא הציגו נתונים סותרים על מימדי התופעה. חלקם מציגים
נתונים גבוהים מאוד של נשירה, הנעים בין 20% ל־40%, וחלקם מצביעים על
שיעורים נמוכים יחסית של כ־3%. אל סבך הנתונים, שיוצגו בהמשך, מצטרפת

העובדה לפיה נתוני עיריית ירושלים נוגעים לרוב רק לבתי הספר שבפיקוח
משרד החינוך הישראלי, ולהיפך – הנתונים הפלסטיניים נוטים להתמקד בבתי
ספר שאינם מוכרים מטעם משרד זה ומופעלים בידי גופים פלסטיניים. לבסוף,
חשוב לשוב ולציין כי הנתונים מתייחסים לנשירה גלויה בלבד ולא לנשירה
סמויה. אין תיעוד כאשר התלמיד עובר מבית ספר לבית ספר ומכאן חוסר הדיוק
התמידי בנתוני הנשירה. יש הטוענים כי היקף הנשירה מנופח בשל האשליה
שיוצר מעבר זה של תלמידים בין בתי ספר. כלומר, נוצר מצב בו התלמידים
אינם רשומים במשרד החינוך ולכן מסווגים אוטומטית כ"נושרים", אבל למעשה
הם לומדים.

לפי סטטיסטיקות של מחלקת החינוך בעיריית ירושלים, וכן על פי
דוח של האגודה הישראלית לזכויות האזרח, שפורסם במאי 2012, כ–40%
מהתלמידים במזרח ירושלים אינם מסיימים 12 שנות לימוד, לעומת 3% נשירה
בלבד בקרב יהודי העיר (חסון, 2012; אל–חיאת אל–ג'דידה, 2012; אל–קודס,
2012). הנשירה מתחילה כבר בכיתה א': 166 ילדים, שהיוו 2% מסך 7,702
הילדים בשנתון, לא פקדו בשנת 2011 את ספסלי בית הספר. אחוז הנשירה
עולה בהתמדה בכל שנת גיל ומגיע ל–5% בכיתה ח'. בשנות התיכון מספר
זה מכפיל, משלש ומרבע את עצמו: אחוז הנושרים בכיתה ט' עמד על 10%,
בכיתה י' על 17%, בכיתה י"א על 30% ובכיתה י"ב הגיע מספר הילדים לשנתון
שאינם לומדים במסגרות חינוכיות ל–40%. ממוצע הנשירה של תלמידי כיתות
ז'–י"ב במזרח ירושלים עומד על 17.3%. לשם השוואה, הנשירה הממוצעת
בקרב המגזר הערבי בישראל בכיתות אלו היא 6.2% ובקרב המגזר היהודי
בישראל 4.2%. כלומר, אחוז הנשירה בירושלים המזרחית גדול מפי ארבעה
מזה שבמגזר היהודי בישראל (עליאן ואחרים, 2012). תוצאותיו של דוח רשמי

ומקיף של הלשכה הפלסטינית המרכזית לסטטיסטיקה (2010), שכלל כנראה גם את בתי הספר שבפיקוח משרד החינוך הישראלי, מראות כי שיעור הנושרים מהלימודים במזרח ירושלים בשנת 2010 הגיע לכ–23.9% מהתושבים בגילאי 5 ומעלה. שיעור הנשירה בקרב הגברים והנשים דומה יחסית – 25.7% ו–22.1% בהתאמה. בחתך גילאים, עולה מהנתונים כי הנשירה הגלויה מתרחשת בעיקר בגילאים 15 ומעלה (גילאי תיכון).

לפי סטטיסטיקות של עיריית ירושלים, בבתי הספר שבפיקוח משרד החינוך (בתי הספר הממשלתיים הרשמיים ובתי הספר המוכרים שאינם רשמיים), בהם לומדים כ–66% מתלמידי מזרח העיר, נע שיעור הנשירה של תלמידי כיתות ז׳–י״ב בין 2–4% בלבד. נתונים דומים יחסית מציגה הלשכה המרכזית הישראלית לסטטיסטיקה, לפיהם שיעור הנשירה בבתי הספר שבפיקוח משרד החינוך עמד ב–2010 על 4.3%. משרד ההסברה הפלסטיני מציג נתונים גבוהים הרבה יותר וטוען כי בבתי ספר אלה נושרים כ–13% מן התלמידים. נתונים אלה אינם כוללים, כאמור, מוסדות פרטיים במזרח–ירושלים, שאינם בפיקוח משרד החינוך הישראלי (וורגן, 2011). בבתי הספר הפרטיים ובבתי הספר של משרד ההקדשים שיעורי הנשירה הם נמוכים מאוד ולעתים אינם עולים על אחוז אחד.

5

סיבות לנשירת תלמידים במזרח ירושלים

מחקרים שונים ניסו לבחון את הסיבות לנשירה במזרח ירושלים, כפי שעושה מחקר זה, אך רובם המכריע עשה זאת דרך סקירות ספרות, בחינת הפרסומים בתקשורת, ראיונות עם אנשי מקצוע או, לעתים נדירות יותר, שיחות עם הורי התלמידים. גם כאשר הובאו קולות התלמידים, הדבר נעשה באמצעות שאלונים מוכנים מראש לבדיקת סטטיסטיקה ולא בראיונות עומק מקיפים. כעת יוצגו הסיבות לנשירת תלמידים מבתי הספר במזרח ירושלים, כפי שעולה ממחקרים אלה.

סיבות שנוגעות לבתי הספר

ממחקרים שנעשו בנושא מערכת החינוך במזרח ירושלים עולה כי למאפייני בית–הספר ומערכת החינוך יש תפקיד מרכזי בשיעורי הנשירה הגבוהים. ראשית, המשאבים והשירותים בבתי הספר במזרח ירושלים אינם מספיקים. לאפי (2005) מצביע על בעיית הצפיפות והמחסור בכיתות וכותב כי בעיה זו מתבטאת בניצול כל מ"ר לכיתת לימוד על חשבון רחבות, מעבדות וספריות; בהקמת קרונים מגבס שיוצרים אקלים בעייתי במשך השנה; ובהשכרת בתי מגורים והסבתם לכיתות. כיתות רבות אינן עומדות בסטנדרטים וממוקמות בתוך דירות או בתים שנועדו למטרות מגורים ולעתים קרובות אינם מתאימים לאכלס תלמידים רבים בבת אחת ואינם מכילים מערכת אוורור מספקת. עקב המחסור החמור בכיתות לימוד, אין מערכת החינוך העירונית בירושלים יכולה

לקלוט את כל הילדים המבקשים להירשם ללימודים במסגרתה במזרח–ירושלים (וורגן, 2006). המחסור בכיתות, בספרי לימוד, בציוד ובמורים תורם לאיכויות הירודות של בתי הספר הערבים ומשפיע באופן חמור על מוטיבציית התלמידים. הצפיפות הגדולה בבתי הספר הפלסטיניים נובעת בין השאר מהעובדה שהם אינם מתנים את ההצטרפות אליהם במעבר מבחנים. הצפיפות מפחיתה את רצון התלמיד להשלים את לימודיו, ובכך עלולה להוביל לנשירה.

מלבד המחסור במשאבים, לתלמידים במזרח ירושלים יש בבית הספר מגוון "תמריצים" לנשור ממנו ולאבד מוטיבציה לרכישת השכלה גבוהה. לדוגמא, הלימוד בבתי ספר יסודיים ותיכוניים עבור תלמידים ערבים נעשה בשפה הערבית, מטבע הדברים, ואם שפה שנייה נלמדת, מדובר לרוב באנגלית. זאת בעוד תלמידים יהודים לומדים בשפה העברית ולומדים גם אנגלית. אולם, באוניברסיטאות בישראל הלימודים מתנהלים בעיקר בעברית ורק לעתים באנגלית. על כן, מדובר בחיסרון חמור מבחינתם של התלמידים הערבים השוקלים להמשיך ללימודי השכלה גבוהה. מחסומי השפה אינם נוגעים רק לאוניברסיטאות, אלא גם למבחנים הלאומיים הנדרשים להשגת תעודת בגרות. התלמידים הערבים אשר כן מצליחים להגיע לכיתה י"ב, צפויים להיכשל בבחינות הבגרות בשיעור גבוה יותר מהתלמידים היהודים, וגם אם הם עוברים, סיכוייהם לעמוד בנתוני הקבלה לאוניברסיטה פחותים. מעל 40% מכלל התלמידים הערבים נכשלים בבחינות מכיוון שחסר להם ידע בכמה נושאי חובה. הם נאלצים לעתים ללמוד את החומרים לבד מכיוון שבתי הספר שלהם אינם מציעים את הלימודים הללו. ציוניהם של תלמידים אלה נמוכים יותר בכל המבחנים הלאומיים הנערכים בישראל. כ–43% מהתלמידים הפלסטינים הערבים שניגשים למבחני הבגרות עוברים אותם, בהשוואה ל–63% בקרב הניגשים

היהודים. מבין אלו שעוברים, כ–67% מהתלמידים הערבים משיגים את ציוני המינימום הנדרשים לקבלה לאוניברסיטה, בהשוואה ל–88.6% בקרב תלמידים יהודים. גם התלמידים הערבים שמתקבלים לאוניברסיטה, אינם מחזיקים לרוב בציונים המספיקים ללימודי מקצוע, כמו משפטים ורפואה. בנוסף לבגרות, יש לעבור בחינה פסיכומטרית כדי להתקבל לאוניברסיטה. הבחינה מתורגמת לערבית ישירות מעברית, אך ישנן תלונות לתרגום לקוי ותלמידים רבים אינם מצליחים לקבל ציון טוב. (Human Rights Watch Report, 2001).

באופן כללי יותר, מספרן הרב של המסגרות המפעילות את בתי ספר במזרח ירושלים יוצר מערכת חינוך חסרת הומוגניות, הן מבחינת תוכניות הלימוד והן מבחינת שיטות ההוראה, ולכן גם חסרת חוט שידרה ומרכז כובד (דיין, 2010). בהקשר זה הצביעו מחקרים על איכות נמוכה של ההוראה ועל שיטות הוראה שגויות ובלתי מותאמות במזרח ירושלים. שיטת הלימודים אינה עונה לעתים על הציפיות של התלמיד. מיעוט דיונים בכיתה, עצלנות מצד המורים ואי דיוק בהעברת החומר מהווים גורמים המובילים למורת רוח בקרב התלמידים במזרח ירושלים כלפי בית הספר ולסלידה ממנו. בנוסף, לעתים ממונים מנהלים שאינם מוכשרים לתפקידם.

בבתי ספר שונים במזרח ירושלים משודרות ציפיות נמוכות לתלמידים וניכר חוסר התעניינות וכבוד אליהם, לעתים תוך אלימות גופנית ומילולית (משרד החינוך הפלסטיני, 2005). בחלק מבתי הספר ישנה גם נוקשות מוגזמת עם התלמידים וננקטת אפליה ביחס אליהם. הנוקשות של המורים כלפי התלמידים היא אחת הסיבות המרכזיות לנשירה במזרח ירושלים. נמצא כי המדיניות הנוקשה יוצרת תסכול בקרב התלמידים, שחשים בעקבות זאת כי הם חסרי ערך. כחלק מהנוקשות, בתי ספר לא מאפשרים לתלמידים נושרים לחזור

אליהם. כמו כן, לא כל בתי הספר מסייעים בפתרון בעיות של תלמידים (שם). גם דרכי הלימוד המסורתיות ואי ארגון טיולים בכמה מבתי הספר מובילים לנשירה במזרח העיר.

בנוסף, המחסור בבתי ספר ציבוריים במזרח ירושלים תורם לנשירות בצורה קיצונית. בשל מחסור זה, צעירים נאלצים לעתים ללמוד בבתי ספר פרטיים של מוסד הווקף, של האו"ם או של גורמים נוצריים. בתי הספר של הווקף מבוססים על תוכנית לימודים אסלאמית ומהווים הכנה לא מוצלחת למערכת האקדמית הישראלית. בתי ספר אלה גם סובלים פעמים רבות ממחסור של שירותים בסיסיים, חצרות, חדרי מחשבים וציוד מדעי. בתי ספר המנוהלים על ידי הנוצרים או על ידי האו"ם מתמודדים עם חוסרים דומים במשאבים. הבניינים שבהם חלקם פועלים הרוסים והם לעתים קרובות דורשים שכר לימוד גבוה שבו התלמידים מתקשים לעמוד. תלמידים צפויים לנשור במקרים אלה ולגלות שההשכלה הזו אינה כדאית לאור הבעיות הכלכליות. כמו כן, המחסור בבתי ספר מוניציפאליים עבור תלמידים ערבים מאלצם במקרים רבים לעבור מרחקים ארוכים כדי להגיע לבית הספר הקרוב ביותר מדי יום. הדבר משפיע בעיקר על בנות, שנאלצות לנשור כאשר אין בית ספר קרוב לביתן. זאת מפאת עניינים תרבותיים בחברות מוסלמיות מסורתיות שרואות בעין לא יפה בנות העוברות מרחקים ארוכים לבית הספר ונמצאות הרחק מהבית.

יש לציין כי רשות החינוך בירושלים דורשת מילד המעוניין להירשם לבית הספר הוכחה לתושבות בעיר. ילדים, שהוריהם אינם נהנים ממעמד של תושבות או שמעמד זה נשלל מהם, נשללים לעתים קרובות מזכותם לחינוך ציבורי. הם נאלצים ללכת לבתי ספר פרטיים או ללמוד מחוץ לגבולות העיר. כדי לקבל מעמד של תושבות במזרח ירושלים, משפחה חייבת להוכיח כי העיר היא 'מרכז

החיים' שלה, אולם תעודות בית הספר הן חלק מהמסמכים הנדרשים להוכחה שמדובר אכן במרכז החיים. לכך ניתן להוסיף את המחסור בנתיבים המקצועיים במזרח ירושלים. חינוך מקצועי יכול להוות פתרון עבור תלמידים המתקשים ללמוד בכיתות הרגילות (שם).

סיבות שנוגעות למשפחה

גם גורמים משפחתיים מביאים לנשירה במזרח ירושלים. הם נוגעים בעיקר למיעוט משאבים כלכליים: כאשר ההורים הם שמעוניינים שהבן/בת ינשרו מבית הספר, כדי לעזור בפרנסת המשפחה, יש בכך כדי להאיץ תהליכי נשירה. במקרים רבים המשפחה מעודדת את בנה לעזוב את בית הספר בשל הישגיו הנמוכים ולחפש עבודה כדי להביא הכנסה לאור המצב הכלכלי הקשה (חסנין ואל–ג'איח, 1992). באותו נושא, נמצא כי הורים פלסטיניים רבים אינם מודעים לחשיבות הלימודים ורמתם הלימודית והתרבותית נמוכה (חסנין ואל–ג'איח, 1992; משרד החינוך הפלסטיני, 2005). אדישות של ההורים כלפי מערכת החינוך, הצבת ציפיות נמוכות מהילד במישור הלימודי ורמת השכלה נמוכה של ההורים מביאים בחלק מהמקרים לנשירה מהלימודים. חלק מההורים אינם מפקחים על ילדיהם, שמעדיפים להישאר ברחובות ובמקומות בידור על פני ההליכה לבית הספר. לכך ניתן להוסיף תפקוד לקוי של המשפחה, אלימות בתוך המשפחה, מעבר מגורים עקב פרידה של ההורים ואף מות אחד ההורים או שניהם, שנמצא כגורם המעודד נשירה (חסנין ואל–ג'איח, 1992).

מצבן הכלכלי הקשה של משפחות רבות במזרח ירושלים נמצא כסיבה מרכזית לנשירה באזור זה. כמו במדינות עניות ברחבי העולם, גם במזרח ירושלים שיעורי הנשירה הגבוהים מזוהים במידה רבה עם עוני ולחץ להתחיל

לעבוד. התלמידים הערבים נוהגים לעזוב את בתי הספר כדי להצטרף אל שוק העבודה ולסייע לכלכל את משפחותיהם העניות. חלקם הופכים לרוכלים ברחובות העיר. אחרים עובדים עם הוריהם בחנויות מסחר או מתפרנסים מעסקי הבנייה או מעסקים אחרים (Peraino, 2008). לעתים היציאה לשוק העבודה היא מתוך רצון אישי של הנושר, ולעתים המשפחה מאלצת אותו לעבוד (משרד החינוך הפלסטיני, 2005). כמו כן, המחסור בבתי ספר ציבוריים בחינם במזרח ירושלים מאלץ צעירים למצוא מפלט בבתי ספר פרטיים יקרים. בהקשר זה, נמצא כי ישנו קשר ישיר בין עלות הלימודים לשיעורי הנשירה. מחירי הספרים ואמצעי התחבורה לבית הספר משפיעים גם הם על החלטת התלמיד בנושא. מעבר לכך, ישנו שיעור גבוה של אבטלה בקרב התלמידים שכן קיבלו תעודות בגרות, דבר המעלה ספקות בקרב התלמידים לגבי כדאיות הלימודים והתועלת החומרית הנובעת מהם. בהינתן כי תלמידים ערבים עם תואר מתקדם אינם מרוויחים משכורת גבוהה באופן משמעותי מזו של הערבים נטולי התואר, נשירה מוקדמת מבית הספר נתפסת אפילו כחשובה מבחינה כלכלית.

מחקר שערך משרד החינוך הפלסטיני (2008) בנושא זה מצא כי רוב התלמידים שנשרו מבתי הספר במזרח ירושלים עשו זאת מסיבות כלכליות, כדי להצטרף לשוק העבודה ולסייע להורים לשאת בנטל ההוצאות. מחקר נוסף, המבוסס על שאלונים, נערך בקרב 80 ילדים מזרח–ירושלמים בגילאי 10–15 העובדים כרוכלים המוכרים סחורות קטנות כמו משקאות, עיתונים וביסקוויטים. רוב הילדים שהשתתפו במחקר נשרו מבית הספר וחלקם הקטן עבד לאחר מסגרת הלימודים או בזמן חופשה. כמעט מחצית מהנושרים שבהם עזבו את בית הספר מרצון, בגלל מצב כלכלי קשה. הם העדיפו לעבוד כדי לשפר את המצב ולספק

אוכל למשפחתם. 75% מבין הרוכלים הם הבנים הבכורים במשפחתם, ובחלק מהמשפחות מת המפרנס, נכלא או חלה. כמו כן, כמעט 80% מהילדים הרוכלים מעידים כי הם מעניקים את רווחיהם למשפחתם. יש לציין כי רוב הרוכלים שנשרו מבית הספר אינם מתחרטים על החלטתם, אולם רובם גם ציינו כי אם הייתה להם אפשרות לשוב לבית הספר, הם היו עושים זאת (אל-כאלותי, 2006).

סיבות פוליטיות

במזרח ירושלים שיעור הנשירה מושפע גם מנסיבות פוליטיות, כמו הקמת מחסומים וגדרות ומעצרים. סיבות אלה מובלטות ביתר שאת בתקשורת, כחלק מהמאבק בישראל. בניית גדר ההפרדה בין ישראל לחלק מהגדה המערבית ניתקה חלקים גדולים של מזרח ירושלים מישראל, הביאה להקמת מחסומים נוספים ומנעה מילדים גישה נוחה לבתי ספר. אלפי ילדים נאלצים לחצות מחסום בדרך לעיר מדי יום כדי להגיע לבית הספר. לפני שהמחסום הוקם, הילדים האלה היו יורדים ברחוב כדי להגיע לבית הספר בירושלים. כעת, הם נאלצים לעבור, לעתים עשרות קילומטרים, לאורך תוואי הגדר כדי להיכנס לעיר דרך חלק לא גמור של הגדר או דרך מחסום. נמצא כי מרחקים גדולים אלה וגישה מוגבלת לבתי הספר תורמים לשיעורי הנשירה הגבוהים בקרב תלמידים ערבים הגרים במזרח ירושלים. מאות תלמידים הפסיקו את לימודיהם בשל המאמץ היומיומי הכרוך במעבר במחסומים צבאיים. בנוסף, חלק מההורים מעדיפים שילדיהם יישארו בבית בשל חוסר היציבות הפוליטית ומחשש כי ייעצרו או יותקפו. כמו כן, עשרות מורים שעובדים בבתי הספר בירושלים הפסיקו את עבודתם בשל אותן סיבות. בהקשר הפוליטי, גם מעצר וכליאה מהווים סיבה לנשירה. כליאה של תלמיד בעוון פשע מסוים אינה מאפשרת לו להמשיך את לימודיו. גם כליאה של הורה מאלצת לעתים את התלמיד לעזוב את בית הספר ולפרנס את המשפחה (לאפי, 2005).

סיבות תרבותיות וחברתיות

סיבה מרכזית נוספת לנשירה במזרח ירושלים נוגעת לתופעה חברתית–תרבותית, והיא נישואין מוקדמים של נשים. מאות נערות מתחת לגיל 18 נישאות מדי שנה בישראל, בניגוד לחוק, רובן בשל מנהגי העדה אליה הן משתייכות. החברה הערבית בישראל בכלל, ובמזרח ירושלים בפרט, היא עדיין חברה שמרנית הממקמת את האישה נמוך בהירככיה המשפחתית. מהאישה מצופה להיות תלויה בבעלה ולהיכנע לרצונותיו ולצרכיו. הצעות העבודה הניתנות לה מוגבלות ביותר, תנאי העבודה קשים והשכר נמוך. רק שיעור קטן מהנשים העובדות מצליחות להגיע להישגים. הנשים שנישאות בגיל צעיר בחברה הערבית מתאפיינות במעמד סוציו–אקונומי נמוך, במספר גדול של אחים, בהשכלה נמוכה של הורים, בהיעדר ציפיות לימודיות מצד ההורים ובדמות אב חלשה. נישואין מוקדמים גורמים למספר השלכות, ואחת הבולטות שבהן היא נשירת נערות מבתי הספר (ג׳מאל ואחרים, נדלה ב–2012). 32.1% מהתלמידות שנשרו במזרח ירושלים בשנת 2010, עשו זאת בעקבות נישואין. אצל הגברים מדובר בכחצי אחוז בלבד (הלשכה המרכזית הפלסטינית לסטטיסטיקה, 2011). בנוסף לנישואין מוקדמים, תלמידות נושרות גם כדי לעזור לאמהותיהן במשימות הבית, דבר שנחשב לנפוץ בחברה הערבית.

סיבות הנוגעות לנושרים עצמם

לצד הסיבות שהוצגו לעיל, מודגשים במחקרים גם מאפיינים של בני הנוער המזרח–ירושלמים כגורמים לנשירה. בין המאפיינים הבולטים ניתן להבחין בקשיים לימודיים ובהישגים נמוכים. כישלון חוזר ונשנה במבחנים מעודד תלמידים לעזוב את הלימודים. כמו כן, נשירה במזרח ירושלים נגרמת מדימוי עצמי נמוך, מבעיות התנהגות קשות ומחוסר רצון ללמוד. רבים מהתלמידים

חשים שעמום ולאות ומעדיפים להעביר את הזמן במשחקים ובבתי קפה אינטרנט. סביבה חברית שלילית עלולה גם היא לעודד נשירה. בנוסף, חלק מהתלמידים סובלים ממחלות שמאלצות אותם להיעדר מבית הספר.

הטבלה הבאה מתבססת על נתוני הלשכה המרכזית הפלסטינית לסטטיסטיקה לגבי הסיבות השונות לנשירה של פלסטינים בני 5–18 מבתי הספר במזרח ירושלים בשנת 2010:

לוח 2: גורמי נשירה מבתי ספר במזרח ירושלים - 2010

שיעור הנושרים מתוך הנשים	שיעור הנושרים מתוך הגברים	שיעור הנושרים מסיבה זו מתוך כלל הנושרים	הסיבה העיקרית לנשירה
19.7%	44.1%	33.2%	חוסר רצון להמשיך ללימודים אקדמיים
10.1%	21.7%	16.5%	מצב כלכלי קשה של המשפחה
32.1%	0.5%	14.6%	נישואין
8.4%	12.4%	10.6%	אי התעניינות בלימודים
10.9%	6.9%	8.7%	טיפול בבן משפחה
5.6%	3.1%	4.2%	בעיות במשפחה
4.8%	1.7%	3.1%	אי קיומו של בית ספר קרוב לבית
2.1%	3.1%	2.7%	ציונים נמוכים
2.7%	1.9%	2.3%	המצב הביטחוני
0.6%	2.4%	1.6%	יחס רע בבית הספר
3.0%	2.2%	2.5%	סיבות אחרות (בהן מחלות)
100%	100%	100%	סך הכל

6

⌐⊱⌐

טיפול בנשירה במזרח ירושלים
והמלצות מחקריות

במזרח ירושלים פועלות חלק מהתוכניות של משרד החינוך הישראלי לטיפול
בנשירת תלמידים. תוכניות אלה חלות כמובן רק על בתי הספר הרשמיים ובתי
הספר המוכרים שאינם רשמיים מבחינת משרד החינוך הישראלי, ולא מתבטאות
למשל בבתי הספר של הווקף האסלאמי. התוכניות מכוונות בעיקר לגורמי
הסיכון הקשורים במאפיינים של התלמידים עצמם ולמאמצי בית הספר לתת
מענה לצרכים אינדיבידואליים מגוונים. חלק מהתוכניות מכוונות לתלמידים
חלשים וחלקן לכלל אוכלוסיית התלמידים.

אחת התוכניות המרכזיות במזרח ירושלים לצמצום תופעת הנשירה היא
התוכנית של עמותת חלו"ן. התכנית, הפועלת בכמה בתי ספר במזרח העיר,
מתמקדת בתלמידים מכיתות ז׳–ח׳ המצויים בסכנת נשירה בשל בעיות נוכחות
וציונים נמוכים. תלמידים אלו משובצים בכיתה קטנה יחסית ולומדים שלושה
מקצועות בלבד: ערבית, אנגלית ומתמטיקה. לאחר השנה הראשונה מתווספים
מקצועות לימוד נוספים. התלמידים רוכשים מיומנויות למידה שנועדו להבטיח
את הצלחתם האקדמית. לתכנית ארבע מטרות מרכזיות: עלייה באחוזי נוכחות
תלמידים בבית ספר, שיפור בהישגי התלמידים, העלאת ההערכה העצמית של
התלמידים ושיפור יכולת ההתמודדות עם מבחני הבגרות (אתר חלו"ן, נדלה
ב–2012).

בנוסף, מתקיים פרויקט משותף עם האוניברסיטה העברית, בשם פר"ח, המספק חונכות אישית לתלמידים בעלי הישגים נמוכים ובעלי רקע סוציו-אקונומי נמוך המלווים בבעיות רגשיות וחברתיות. מתקיימת גם תכנית להעשרה חינוכית ותרבותית ולפיתוח מיומנויות יסוד באמצעות חוגים בתחומי אומנות, מוסיקה, טבע, מדעים, תיאטרון וכדומה (אתר עיריית ירושלים, נדלה ב-2012). מערכות מסייעות כמו מערך קציני הביקור הסדיר, פועלות גם הן במזרח ירושלים ומנסות לאתר תלמידים שאינם רשומים בבית הספר ולעקוב אחר תלמידים במעבר, בסיכון או במשבר במטרה למנוע נשירה.

משרד החינוך הפלסטיני פועל גם הוא לצמצום הנשירה במזרח ירושלים ומנסה להגביר את המודעות של המשפחות אודות נזקי הנשירה מבתי הספר והנישואין המוקדמים. תוכנית לשיפור הישגיהם של ילדים המתקשים בלימודים הושקה בשנים האחרונות על ידי המשרד, כמו גם תוכנית להשבת ילדים נושרים ולמתן סיוע להצטרפות לשוק העבודה לאחר תום לימודיהם.

המלצות לטיפול נכון בנשירה במזרח ירושלים ולצמצום היקפה מובאות תדיר במחקרים ובתקשורת. ביניהן: שדרוג תשתיות בתי הספר וצמצום הצפיפות בכיתות; הקמת מכונים מקצועיים שיספקו לבוגרי התיכונים מקומות עבודה מכניסים ושימושיים לחברה; הרחבת הפריסה של מרכזי ההכשרה המקצועית ומתן הקלות ופרסי עידוד לתלמידים המצטרפים אליהם; התאמת תוכנית הלימודים לרמת התלמידים (משרד החינוך הפלסטיני, 2005); הגברת הסיוע לתלמידים חלשים; הכללת השפה העברית כנושא לימוד מחייב בתוכניות הלימודים, על מנת להעניק לתלמידים סיכוי גבוה יותר להצליח במבחני הבגרות ולהתקבל לאוניברסיטאות בישראל; שיפור תנאי העבודה של המורים והעלאת רמתם; מניעת אפליה בין התלמידים ומניעת עונשים; יצירת קשר רציף מצד בית

הספר עם התלמידים ומשפחותיהם; העסקת יועצים חינוכיים ועובדים סוציאליים
שיסייעו לתלמידים בפתרון בעיותיהם הלימודיות והלא–לימודיות, תוך שיתוף
פעולה עם ההורים (שם); החדרת מודעות להורים ולתלמידים בדבר חשיבות
הלימודים, ובמקביל – קריאה להורים להציב ציפיות הגיוניות בפני ילדיהם;
הקמת ועדי הורים שיגנו על זכויות התלמידים ויתעדכנו אודות ההתפתחויות
בבתי הספר (לאפי, 2005); הגברת הפעילויות מעבר לתוכנית הלימודים; הקמת
גוף אזרחי שיבנה תוכנית מעשית המתאימה לקבוצת התלמידים המוזנחים
והנושרים (חסנין ואל–ג'איח, 1992); סיוע כלכלי למשפחות עניות ומתן ציוד
לימודי לילדיהן.

כפי שניתן לראות מספרות המחקר העוסקת בשיעורי הנשירה הגבוהים
מבתי הספר במזרח ירושלים, הקול החסר הינו קולם של בני הנוער הנושרים
עצמם. נראה כי קולם החסר של הנערות והנערים משקף קו של עולם מבוגרים
– חוקרים ואנשי מקצוע – המתקשה להבין את נקודת מבטם של צעירים על
צרכיהם ועל המענה שהם זקוקים לו (קפל–גרין ומירסקי, 2009; סבר, 2002). גם
כאשר הופיע קולם של הנערים במחקרים מעטים, נעשה הדבר לרוב באמצעות
סקר כמותני בעיקרו, המתבסס על שאלונים סטטיסטיים ולא על ראיונות עומק.
את החסר הזה, בין היתר, ממלא המחקר שחיבור זה מציג את ממצאיו. קולם של
בני הנוער עצמם יישמע בו בעוצמה רבה.

7

מתודולוגיה של המחקר הנוכחי

מחקר זה נועד להתחקות אחר המאפיינים הקשורים בנשירה בקרב בני נוער ערבים במזרח ירושלים, דרך עיני הנושרים, ואחר הליכים ודרכים הננקטים למניעת נשירה של תלמידים ולאיתור הנושרים. כפי שצוין לעיל, מרבית המחקרים בתחום זה הם מחקרים כמותניים ואינם איכותניים. מחקר זה, הנערך בגישה האיכותנית של ראיונות עומק, נועד לספק תמונה עשירה ומקיפה של מאפייני הנשירה מבתי הספר במזרח ירושלים, על בסיס חוויותיהם האישיות של בני הנוער והצוות המקצועי. גישת המחקר האיכותני מתאימה לביצוע מחקר זה מאחר והיא מאפשרת נגישות לעמדה סובייקטיבית, חווייתית ואישית של כל אחד מהמשתתפים במחקר ונותנת מקום למורכבות שקיימת ביחסים ובתהליכים הנוגעים לנשירה (קפל-גרין, 2005).

המשתתפים במחקר זה הם בני נוער שנשרו מבתי הספר במזרח ירושלים, מנהלים, סגנים, רכזים, יועצים, מורים ואנשי צוות ומקצוע נוספים הנוגעים בצורה ישירה או עקיפה לתופעת הנשירה באזור זה. המשתתפים והמשתתפות נבחרו מתוך שאיפה לייצג באופן הטוב ביותר את האוכלוסייה אליה הם משתייכים ולקבל מידע על תופעת הנשירה הנחקרת. עם זאת, למרות שמדגם הנושרים שנבחר לצורך בחינת תופעת הנשירה במזרח ירושלים מגוון, יכולת ההכללה שלו היא מצומצמת. חרף חשיבותה, ייצוגיות המדגם ביחס לאוכלוסייה רחבה אינה מטרתו של מחקר זה, אשר נועד לתת תיאורי עומק ופירושים ייחודים

לתופעה הנחקרת. מחקר שכזה מוותר מראש על יכולת ההכללה לטובת השגת נתונים עשירים ורחבים שיוכלו להקיף את מגוון ההיבטים של התופעה. ככלל, מטרת ראיונות העומק היא להבין את החוויה של המשתתפים – הנשירה מבית הספר – ואת המשמעות שהם מייחסים לחוויה זו (שם).

הראיונות עם הנושרים נערכו בבתיהם, במתקנים קהילתיים או במקומות הכשרה מקצועית בהם הם לומדים או למדו. במחקר זה, נערכו 26 ראיונות עם בני נוער שנשרו, במטרה לספק תיאור נרחב ועשיר של הסיבות המרכזיות לנשירה מבתי הספר במזרח ירושלים. מתוכם – 21 נושרות וחמישה נושרים. 26 הנושרים למדו בבתי ספר השייכים למערכות הלימודים השונות והמגוונות במזרח העיר.

ההגעה אל הנושרים לא הייתה תמיד קלה. היא התאפשרה בזכות מרכזי נוער נושר וגורמים בכירים במערך החינוך הפלסטיני, ששאלו את הנושרים אם הם מוכנים לדבר על חוויותיהם. חלק מהנושרים לא הסכימו להתראיין. גם חלק מאלו שכן הסכימו להתראיין עבור המחקר לא ניאותו במהרה להעניק ראיון נרחב אודות חוויותיהם הלא פשוטות כנושרים. בשל היותי חוקרת עיוורת, המשתמשת במכשיר הקלטה במהלך הראיונות, היו מרואיינים שחששו ממכשיר זה, אך הבהרתי להם שמידע רגיש בעניינם לא יגיע לאיש ושמם יישאר בדוי. הראיונות עם אנשי המקצוע התקיימו במקומות העבודה שלהם, ובעיקר בבתי ספר במזרח ירושלים. גם כאן, כמה מנהלים לא הסכימו להתראיין. איסוף הנתונים, כולל הראיונות עם אנשי המקצוע, השתרע על פני שנתיים, בין השנים 2009–2010.

במהלך הראיונות עם הנושרים, הם נשאלו לגבי חייהם ולגבי הסיבה לנשירתם. מכאן, התפתחה השיחה בהתאם לתשובת הנשאל ולסיבה הנידונה.

כמו כן, הנושרים נשאלו גם לגבי פעילויותיהם ועיסוקיהם, בהם השתתפות בתוכניות להשלמת השכלה, השתתפות בהכשרות מקצועיות, עבודה, התנהגויות סיכון (שוטטות, אלכוהול, סמים ואלימות) וכדומה. הנושרים נשאלו גם לגבי גילם, הגיל בו עזבו את בית הספר, המקום בו למדו, מקום מגוריהם, מספר אחיהם והאם גם הם נשרו, מצב ההורים והשכלתם, האם ההורים תמכו בנשירה או אף דרשו אותה, האם הם מתחרטים וכיצד ינהגו לגבי ילדיהם בעתיד.

במהלך הראיונות עם אנשי המקצוע, נידונו הסיבות האפשריות לנשירה, מאפייני הנושרים ופעולתן של מערכות מסייעות כמו קציני הביקור הסדיר (בתחומי האיתור, המעקב, הטיפול והדיווח), שירותי קידום נוער, מרכזי תמיכה יישוביים אזוריים ושירותי הרווחה. בנוסף, נבדק קיומן של תוכניות מסוגים שונים, בהן תוכניות המיועדות לילדים ובני נוער מתקשים או הנמצאים בסיכון ותוכניות המכוונות לכלל אוכלוסיית התלמידים ולשיפור כלל הפעילות של המערכת הבית-ספרית. בהקשר זה, נבדקו דרכי העבודה של בתי הספר ביחס לנושרים הגלויים והסמויים וכן דרכי הטיפול בנושרים לאחר נשירתם.

הראיונות נותחו באמצעות ניתוח תוכן איכותני. שלב ראשון בהכנה לניתוח הראיונות היה תמלול הראיונות. הראיונות תורגמו מערבית לעברית תוך מאמץ לשלב בין עברית תקנית לרוח הדברים. לאחר מכן נותחו הראיונות וסודרו בהתאם לתימות מרכזיות שחזרו על עצמן. ממצאי הראיונות חולקו לפי קטגוריות של סיבות לנשירה, בהן סיבות משפחתיות, כלכליות, בית-ספריות, אישיות וחברתיות-תרבותיות. שמות הילדים המרואיינים שונו כדי למנוע את חשיפתם. שמות המרואיינים המבוגרים, שעובדים או קשורים למערכת החינוך, ואשר לא ביקשו להישאר בעילום שם, מובאים במחקר זה בשמם הפרטי או המלא.

8

ממצאים

בחלק זה יוצגו תוצאות המחקר בהסתמך על הראיונות שהתקיימו עם התלמידים הנושרים ועם אנשי המקצוע. הממצאים יוצגו לפי סיבות הנשירה שציינו המרואיינים. יש לציין כי חלק מהתלמידים ואנשי המקצוע ציינו כמה סיבות לנשירה במזרח ירושלים. חלק מהסיבות כרוכות זו בזו וקשות לסיווג, ולכן הן נכללות תחת כמה קטגוריות. להלן טבלה כללית שכוללת את סיבות הנשירה השונות שציינו 26 הנושרים המרואיינים:

לוח 3: גורמי הנשירה של המרואיינים

הסיבה	שיעור הנושרים המרואיינים שציינו סיבה זו כאחת הסיבות לנשירתם
סיבות שנוגעות לבית הספר ולמערכת החינוך (ציפיות נמוכות מהתלמיד, משאבים בלתי מספיקים, יחסי מורה–תלמיד, איכות ההוראה, שיטות לימוד וכו׳)	73%
סיבות תרבותיות–חברתיות (נישואין מוקדמים, מעמד נמוך של האישה וכו׳)	34.6%
סיבות משפחתיות וכלכליות (מעמד סוציו–אקונומי נמוך, תפקוד הורי לקוי, גירושי הורים, חוסר מודעות משפחתית לחינוך, פטירה או מחלה של אחד מההורים וכו׳)	38.5%
סיבות אישיות (הישגים נמוכים, תסכול אקדמי, בעיות התנהגות, משברים, מחלה וכו׳)	61.5%
סיבות פוליטיות (מעצרים, מחסומים, גדר הפרדה וכו׳)	0%

סיבות שנוגעות לבית הספר ולמערכת החינוך

"המורה תמיד היה מפתיע אותי מאחור ואומר לי 'אתה, אין תועלת ממך'"

חלק גדול מאוד מהנושרים שרואיינו במחקר זה (73%) האשימו את בית הספר או את מערכת החינוך בנשירתם. חלקם ציינו את היחס הרע מצד מורים כסיבה ספציפית לנשירתם. אדב, למשל, נשרה בכיתה י"א בשל יחס רע מצד המורות ואי יכולתה להבין את השיעורים שהן העבירו:

"[עד עכשיו] לא יצאתי מהמצב הנפשי שבית הספר גרם לי. אנחנו התלוננו על ההתנהגות של המורות והמורים, אך תלונותינו נפלו על אוזניים ערלות; הן נוקו מעל השולחן".

גם אלמאס, כיום בת 36, טוענת שעזבה את הלימודים, בכיתה ט', בשל היחס השלילי שקיבלה ממורה. כבר בכיתה ז' היא סבלה מיחס זה, איבדה את הביטחון העצמי והפסיקה לדבר. לאחר התערבות אמה, רופא קבע שמדובר בטראומה נפשית הנובעת מכך שהמורה לא נתנה לה לקרוא בשיעור ערבית. האם החליטה לפנות למנהלת וכתוצאה מכך היחס אל אלמאס השתפר, עד כדי כך שבכיתה ח' היו לה ציונים טובים. אולם, בכיתה ט', המורה שוב העניקה לה יחס רע. אלמאס מספרת:

"עזבתי את בית הספר לא בגלל המשפחה או המצב הכלכלי, אלא בשל היחס הרע שהעניקו לי כמה מהמורות... בכיתה ז', המורה לשפה הערבית לא התעניינה בי. היא ביקשה מכולם, חוץ ממני, לקרוא. התחלתי להרגיש שאני שונה מיתר התלמידים. איבדתי

את הביטחון בעצמי. [מצב זה] השפיע עליי מבחינה פסיכולוגית, והפסקתי לדבר. אמי לקחה אותי לרופא, שאמר כי אני חולה במחלת נפש שיכולה להוות בעיה. היא ניסתה לשאול אותי [בנושא], אך לא עניתי. באחד הימים, התחלתי לבכות ולצעוק, וסיפרתי לאמי על הסיבה. היא הלכה למנהלת ודיברה עמה על הבעיה. המורה התחילה להתעניין בי ובכיתה ח' הייתי אפילו בין המצטיינים בכיתה, אך בכיתה ט' ההתעניינות הזו הפכה ליחס רע מצד המורה ללא סיבה ברורה. היא החלה להפנות אליי שאלות, וכאשר אמרתי לה שאיני מבינה היא לא ניסתה להסביר לי".

אראם נשרה מסיבה דומה:

"חלק מהמורות הפלו ביני לבין אחותי והתלמידות החכמות. הדבר השפיע עליי מבחינה פסיכולוגית, וכאשר הגעתי לכיתה ט', והאפליה נמשכה, עזבתי את בית הספר. אמי ואבי התנגדו לנשירה תחילה, אך הסברתי להם את מצבי והתעקשתי לעזוב את בית הספר".

באופן דומה, מספרת אטיאף, שלמדה עד כיתה י': "אחת המורות שנאה אותי. היא לא לימדה אותי כפי שלימדה את יתר התלמידות". גם עליא נשרה בכיתה י' מסיבה דומה: "מאסתי בבית הספר בגלל האפליה מצד המורות, שהתעניינו רק בתלמידות החכמות". אדיב, שעזב את בית ספרו בכיתה י"א, אומר מצדו:

"עזבתי כי המורה תמיד היה מפתיע אותי מאחור ואומר לי 'אתה, אין תועלת ממך'... מאס עליי גם היחס הרע כלפיי מצד

אחת המורות. המורה הפלתה בין התלמיד הטוב לבינינו, והיא זו שאילצה אותי לצאת מבית הספר".

מנהל חסות והדרכת הנוער במזרח ירושלים, עבד אל-סלאימה, אומר בהקשר זה כי יחס שלילי מצד מורים הוא אחת החוויות הקשות שתלמיד עלול לעבור בבית הספר. ברוח דומה, מספר מנהל בית הספר המכין לבנים בשועפאט שלאישיות המורה תפקיד חשוב בנשירת התלמידים במזרח ירושלים. לדבריו, בבית הספר שלו היו שישה מורים חלשים מבחינה סמכותית, שהחלישו את התלמידים. מצב זה השתפר כאשר המורים החלו לקחת קורס בדרכי הניהול ואופני ההתמודדות עם התלמידים. "לעתים התלמיד שונא את המורה ומכאן גם את חומר הלימוד ובית הספר עד שהוא נושר", מסביר המנהל.

במקרים אחרים, נשרו תלמידים בשל יחס שלילי מצד מנהל בית הספר. נאסר, למשל, נשר מלימודים בכיתה ח':

"עזבתי את בית הספר בגלל היחס של המנהל אליי. הוא התנהג אליי כאילו אני עבד שלו. נעדרתי מבית הספר לצורך טיפול מכיוון שהייתי חולה ויש לי בעיות בלב. תחילה, לאחר שאמרתי לו את סיבת ההיעדרות, הוא שיתף עמי פעולה, אך כאשר לא ניגשתי לכמה בחינות, הוא השאיר אותי כיתה ועזבתי את בית הספר".

כיפאח נשרה גם היא מהלימודים, בכיתה י"ב, בעקבות יחס רע מצד מנהל בית הספר, אולם סיפורה שונה במעט מסיפורים אחרים:

"תלמידה בכיתתי התלוננה עליי למנהל, לעוזר המנהל ולמחנכת הכיתה מכיוון שאהבתי ליצור אווירה של הנאה בכיתה, הן לתלמידים והן למורים. המנהל הגיע ומבלי לדון עמי בנושא פשוט אמר לי שהוא לא רוצה שאגיע לבית הספר יותר מפעם אחת בחודש. תהיתי לעצמי מה אעשה יום אחד בבית הספר? הלכתי הביתה, קרעתי את מדי בית הספר ולמרות שאמי ביקשה שאחזור לבית הספר ואדבר עם המורה, אמרתי לה שאני לא רוצה לחזור לשם. המנהל והיועצת הלימודית אפילו התקשרו לביתי, אך החלפתי את מספר הטלפון... אם הייתי נשארת בבית הספר הייתי מצליחה בבחינות".

עג'יב בן ה-16 נשר מבית הספר שבוע בלבד לאחר שהחל את כיתה י'. המנהל, לטענתו, הכפיש את משפחתו ואמר כי היא "רק עושה בעיות" ומעוניינת לעבוד ולא ללמוד. "מאסתי בדיבורים אלה מצדו ועזבתי את בית הספר. אבי ניסה להחזיר אותי לבית הספר, אך המנהל סרב. הנושא נשכח וויתרתי על רצוני ללמוד", אומר עג'יב. גם עמרו, בן 17, עזב בכיתה ט' את הלימודים בגלל שהמנהל הפלה אותו ורב איתו:

"נשרתי בגלל הגזענות של המנהל כלפיי וכלפי תלמידים רבים אחרים. הוא התיר לאלה שאהב לצאת מבית הספר כדי לקנות שתייה מהחנות, אך לא הרשה לי ולתלמידים אחרים לעשות זאת. אך לא שתקתי על כך. ניצבתי מולו והתעמתי איתו. לכן הוא גירש אותי כמה פעמים, ולבסוף עזבתי בגלל התנהגותו.

סיפרתי זאת למשפחתי. יצאתי לעבוד במשך שנה, למרות שאני אוהב את בית הספר והלימודים ועל אף שאיפתי ללמוד באוניברסיטה מדעי החיים בשל אהבתי לחיות".

רחימה, בת ה–20, נשרה מהלימודים בכיתה י"א מסיבה דומה:

"עזבתי בגלל שהיו לי בעיות בבית הספר עם המנהלת, שלא אהבה אותי. היא האשימה אותי בכל דבר שקרה בבית הספר... לא יודעת מדוע... אני אומרת לך בכנות, מאסתי בבית הספר ומהיחס שלו כלפיי".

נושא שהתלמידים לא הזכירו בראיונות הוא הצפיפות בכיתות. אנשי המקצוע, מנגד, הרבו להתייחס לנושא זה כגורם לנשירה במזרח ירושלים. חראמה, היועצת החינוכית של תיכון בית צפאפא, אומרת: "הצפיפות בכיתות גורמת לתלמיד להרגיש מוזנח ומגבירה את הפערים הלימודיים עד כדי נשירה בחלק מהמקרים". בנוסף, היא מגלה כי ישנם מנהלים שרוצים ממוצעים ותלמידים מצוינים ולכן הם מנשירים את החלשים. בבית הספר טרה סנטה בעיר העתיקה בירושלים שיעורי הנשירה אפסיים, ככל הנראה מכיוון שהוא אינו צפוף. "מספר התלמידים קטן ולכן אין נשירה", מסביר סגן מנהל בית הספר.

נוסף על כך, חלק מאנשי המקצוע ציינו כי בבתי ספר פלסטיניים רבים במזרח ירושלים אין תוכניות לתלמידים מצטיינים, שלבסוף נחלשים ולעתים נושרים. לדברי רכז השפה האנגלית בבתי הספר של מנח"י והחינוך המיוחד,

העברה האוטומטית לכיתה הבאה וחוסר האבחנה בין תלמידים מצטיינים, בינוניים וחלשים יוצרים תחושה אצל התלמיד שאין צורך להתאמץ יותר מדי "כי כולם עולים כיתה". אום ראפת, מנהלת בית הספר המכין שרפאת, מבקרת בהקשר זה את ההנחיה שהוציא לטענתה משרד החינוך הפלסטיני להשאיר כיתה תלמיד אחד בלבד מכל שלב לימודי. לדבריה, ההעברה האוטומטית של כל התלמידים מעמיקה את חולשת התלמידים טעוני ההשארה. "חוק זה משפיע על התלמידים וגורם להם לנשור מבית הספר", היא סבורה. באותו נושא, מנהלת חטיבת הביניים "בנאת אל-קדס" לבנות מפנה אצבע מאשימה כלפי הצוות המקצועי בבתי הספר היסודי, שלא מאבחן לטענתה את בעיות התלמידות. לטענתה, נוצר מצב שבו כרבע מהתלמידות מגיעות עם פיגור ו"פרצות" במקצועות מסוימים.

כמה אנשי מקצוע הזכירו בעיות נוספות שנוגעות למערכת החינוך ומובילות לנשירה. באשר לתוכנית הלימודים, טוען היועץ החינוכי של בית הספר התיכון בשועפאט לבנים כי רמת תוכנית הלימודים אינה מתאימה לצרכי כל התלמידים מכיוון שהיא מגבילה את התלמיד בבחירת המקצועות הנלמדים. זאת, לדבריו, בניגוד לשיטת הבגרות הישראלית, בה ניתן לבחור מגמות ומספר יחידות בהתאם לרצון ויכולת התלמיד. יושב ראש ועדת התאחדות ההורים בבתי הספר של מנח"י, עבד אל-כרים לאפי, מסביר כי קיים גם מחסור בבתי ספר מקצועיים לקליטת תלמידים שאינם מסתדרים עם המסלול העיוני. "או שתלמידים חלשים נושרים לרחוב או שהם נשארים בבית הספר העיוני אבל לא באמת לומדים שם והופכים לנטל על היתר", הוא גורס. וחיד מוסא, מפקח כללי על החינוך במגזר הערבי בירושלים, אומר מצדו כי חסרה מיומנות ומקצועיות במערכת החינוך ולכן נוצר מחסור בעובדים. הוא מוסיף כי אין מספיק עובדים סוציאליים ויועצים חינוכיים, שיוכלו לטפל בבעיות הלמידים.

סיבות משפחתיות וכלכליות לנשירה

"מורה מרוויח 2,000–2,500 שקלים, ובעבודה התלמיד יכול להגיע לשכר כפול"

38.5% מהצעירים שרואיינו נשרו מבתי הספר מסיבות שנוגעות למשפחה שלהם, כמו בעיות כלכליות, הצורך לטפל באחד מהקרובים, בעיות בחיי הנישואין של ההורים, אי התעניינות בילדים ואי מודעות ההורים לחשיבות החינוך. ויפאק נשרה, למשל, לאחר כיתה י' בעיקר עקב מחלת הסרטן של אמה. "הייתי הבת הגדולה בבית, כך שהכל נפל עליי...", היא נזכרת. סאמרה נשרה גם היא מהלימודים בעקבות מצבה הבריאותי של אמה: "עזבתי את הלימודים מכיוון שאמי עברה ניתוח. נעדרתי מהלימודים במשך חודש. אני לא אוהבת את בית הספר... הניתוח היה הזדמנות עבורי לעזוב". גם רנד נשרה בכיתה י' מסיבה דומה:

> "עזבתי את בית הספר... מפני שלא יכולתי לפזר את הזמן בין הבית לבית הספר. הייתי הבת הגדולה בבית והייתי צריכה לעזור לאמי.. במשך שנה, לאחר שנשרתי, ישבתי בבית ועזרתי לאמי. הייתי כמו אמא נוספת".

חוסר מודעות ואי התעניינות מצד ההורים בילדים הובילו לנשירה בכמה מן המקרים. שיפא, בת לשני הורים משכילים, מספרת למשל: "אמי ואבי נסעו אל אחי באמריקה. לא הלכתי לבית הספר בתקופה הזו, מפני שאמי לא וידאה שאני עושה זאת. לא אהבתי ללכת לבית הספר לבדי". לדברי מנהלת חטיבת הביניים "בנאת אל-קודס" לבנות, חוסר מודעות בקרב המשפחה לגבי חשיבות הלימוד מביא להישגים נמוכים בבית הספר שמובילים בתורם לנשירה. במקרים

מסוימים, כפי שמציינת מנהלת בית ספר לבנות בשועפאט, חוסר המודעות מתבטא בהחלטה של האם להוציא את בתה מבית ספר כדי שתעזור לה בבית. מנהל חטיבת הביניים אבן רושד לבנים בצור באהר אומר כי מכיוון שהחברה הערבית מסורתית, "התלמיד מחקה את אחיו, אביו ושכנו שלא למדו, ואין לו ממי לקחת דוגמא חיובית של אחד שהצליח בלימודים". היועץ החינוכי בבית הספר עומר בן אל–ח'טאב לבנים אף מלין כי חוסר המודעות של ההורים כלפי חשיבות הלימודים מתבטא לעתים בכך שהם "מתחמקים מהטיפול בבנם ו'מבריזים' לביקורי בית". לדבריו, חשיבות החינוך והלימוד בעיני המשפחה – דלה מאוד. מנגד, אומרת מנהלת בית הספר המכין עות'מאן לבנות: "המשפחות תמיד מבכרות שבנותיהן תהיינה במסגרת, גם אם הישגיהן נמוכים".

באותו ההקשר, ישנם אנשי מקצוע שקושרים בין שיעורי הנשירה הגבוהים במזרח ירושלים לבין המספר הרב של הורים לא משכילים. סגן מנהל בית הספר המכין לבנים "אל–איתאם" אומר למשל כי 60% מהאבות של התלמידים בבית הספר לא סיימו את לימודיהם. הדבר משפיע, לטענתו, ישירות על הישגיו החלשים של התלמיד. ואכן, כ–75% מבין הנושרים שרואיינו במחקר זה הם בנים או בנות להורה או הורים נטולי השכלה תיכונית מלאה (12 שנות לימוד),

במקרה אחר, הובילה אלימות ההורים לנשירה. עג'יב מספר כי נרתע מלחזור לבית הספר בגלל בעיות שהיו לו בבית. "אבי היה נוהג באלימות כלפי אמי בגלל הבעיות שהיו ביניהם. הוא לא היה אלים כלפינו, אך כאשר הגנו עליה הוא הכה אותנו לעתים". בהמשך ההורים התגרשו. "מטבע הדברים, הבעיות בין ההורים השפיעו על כולנו והובילו להידרדרות בהישגיי... מאז [הגירושין] לא ראינו את אמא, למרות שחיפשנו אותה כמה פעמים. אנחנו לא יודעים היכן היא, והיא עצמה לא רוצה לראות אותנו". עג'יב מספר כי היה תחילה מתוסכל שאמו

לא הייתה בבית. מנהל תיכון אל-ראשדיה לבנים, אסעד עויס, אומר בנושא זה כי גירושין גורמים לנשירה ולירידה בהישגים הלימודיים. רכז החינוך החברתי בבית הספר צור באהר לבנים אומר לעומתו כי בעיות במשפחה אמנם גורמות לעתים לחולשת התלמיד, אך לא בהכרח יובילו לנשירה. ואילו אימאן, סגנית מנהלת בית ספר מכין אל-ת'ורי לבנות, טוענת כי בעיות בין ההורים אינן בהכרח גוררות ירידה בלימודים, שכן קיימים אבות מזרח-ירושלמים שמגבירים את התעניינותם בבנותיהם כסוג של פיצוי. גם מנהלת בית הספר המכין אל-טור לבנות סבורה כי קשיים בין האב לאם או פוליגמיה אינם בהכרח מובילים לנשירה. להיפך, לטענתה הם לעיתים מובילים להצטיינות.

סיבה משפחתית נוספת לנשירה מתבטאת בסיפורה של פאדיה. "סיבת עזיבתי את בית הספר היא הנסיעה למצרים, בה התגוררנו למשך שנה וחצי... כך אבדה לי שנה...". מנהלת בית ספר המכין לבנות בסלואן מטעם אונר"א מספרת גם על מקרים שבהם קנאות שבטית ותגרה בין שתי חמולות גורמות למשפחות להימנע משליחת בנותיהן לבית הספר מתוך רצון להגן עליהן.

חלק קטן יחסית מהתלמידים והתלמידות הזכירו את המצב הכלכלי של משפחתם כסיבה לנשירתם, אולם כמה מהם ציינו קרובי משפחה שנשרו מבית הספר מסיבה זו. עמרו, שנשר בכיתה ט', סיפר למשל: "יצאתי לעבוד במשך שנה, למרות שאני אוהב את בית הספר והלימודים ועל אף שאיפתי ללמוד באוניברסיטה מדעי החיים בשל אהבתי לחיות". אנשי מקצוע, מנגד, הרבו להתייחס לנושא וסיפרו כיצד תלמידים מעדיפים לנשור מבית הספר כדי לסייע בכלכול משפחתם. חלקם אף ציינו כי הצורך של המשפחות העניות במקור הכנסה נוסף הוא הסיבה העיקרית לנשירה במזרח ירושלים. מן הראיונות עולה כי לעתים הנער יוצא לעבוד בחופשת הקיץ, מרוויח כסף ומרגיש אחראי וגדול. המצב הכלכלי של משפחתו

גורם לו להתמיד בעבודה על-חשבון הלימודים. לדברי מנהלת בית הספר המכין לבנות בסלואן מטעם אונר"א, כשאותו ילד רוצה לשוב לספסל הלימודים הוא מגלה שאיננו מסוגל כבר לעשות זאת, בשל הקושי והפער הרב שנוצרו.

רכז השפה האנגלית בבתי הספר של מנח"י והחינוך המיוחד אמר בנושא זה כי התלמידים מבינים שעדיף להם לצאת לעבוד, שכן גם אם יקבלו את תעודת הבגרות הם לא ירוויחו כסף רב. גם ח'דר, מנהל בית הספר המכין אל-עיסאויה לבנים, גורס:

> "חלק מהתלמידים אינם רוצים לבזבז שנים שלמות בספסל הלימודים והם מעדיפים לצאת לעבוד ולעזור למשפחה. יש כאלה שמפנימים שגם אם יסיימו את הלימודים סיכויים להשתלב בשוק העבודה נמוך, כיוון שלימודי המשך גבוהים במוסדות שאינם מוכרים על ידי ישראל שווים כקליפת השום".

מורה למתמטיקה בבית הספר עומר בן אל-ח'טאב לבנים תוהה בהקשר זה: "מורה מרוויח 2,000–2,500 שקלים, ובעבודה התלמיד יכול להגיע לשכר כפול. אז מדוע להשקיע בתעודה ששווה כמעט לקליפת השום מבחינת המחייה?!". מנהל בית הספר המכין לבנים "אל-איתאם" אומר כי אפילו מורים בעלי תעודת זהות ירושלמית בוחרים שלא ללמד בבתי הספר של משרד ההקדשים (הווקף) מסיבות כלכליות. "התלמידים שומעים מה שכר המורה ומעדיפים לצאת לשוק העבודה", הוא מסביר.

רנדה מריבע, סגנית מנהלת תיכון אל-מאמוניה לבנות, אף מציינת כי במקרים רבים האב של המשפחה אומר לבנו כי לאור הישגיו הנמוכים בלימודים

ייטב אם ייצא לעבוד. זוהיר, מדריך וותיק במרכז החסות לנוער במזרח העיר, אומר באותו הקשר כי ישנן משפחות, בנות מספר גדול של ילדים, שאינן יכולות לממן את החינוך של ילדים אלה. מנגד, מנהל בית הספר המכין לבנים בשועפאט אומר כי אין זה נכון שהורים מוציאים את בניהם מבית הספר בשל העול הכלכלי, כיוון שהספרים והלימודים כמעט אינם עולים כסף. גם ראש מדור הדרכה ויעוץ בבתי הספר של הווקף, סמיר תרמאן, סבור כך: ״אין ולו משפחה פלסטינית אחת בירושלים שלוחצת על בנה לצאת מבית הספר כדי לעבוד. התלמיד עצמו עושה זאת... וגם אם יש מקרים כאלה [של לחץ משפחתי], הרי שהם נדירים מאוד״.

נישואין מוקדמים (סיבות חברתיות-תרבותיות)

״לאישה, ברגע שהיא מתחתנת, אין מה לעשות עם התעודה חוץ מלתלות אותה במטבח״

אחת הסיבות המרכזיות לנשירה מהלימודים בקרב נשים שהסכימו להתראיין למחקר זה הייתה נישואין מוקדמים. 34.6% מכלל המרואיינים ציינו סיבה זו, רובם המכריע נשים. נשים אלו התחתנו בגיל צעיר ונשרו מן הלימודים מפאת מחויבויות מרובות למשפחתן החדשה או בשל היריון. מנהל תיכון אל-ראשדיה לבנים, אסעד עויס, אומר כי הסיבה לנישואין המוקדמים ולנשירה כתוצאה מהם במזרח ירושלים טמונה בתפיסה הרווחת בחברה הפלסטינית לפיה האישה, בין אם תלמד או לא, תמצא את עצמה בסופו של דבר בבית ובמטבח. ״האוכלוסייה חושבת שהנישואים הם סוג של הגנה לנערה״, מסבירה מנהלת בית ספר המכין לבנות בסלואן מטעם אונר״א. אנג׳ום, בת 22, התחתנה למשל בגיל 17 ונכנסה להריון מבעלה: ״ב[תקופת] הבחינות עזבתי [את הלימודים] כי הבטן שלי הייתה

גדולה. הגוף שלי היה עייף ורציתי לישון כל הזמן. אחרי שילדתי, הייתי עסוקה ב[גידול] בני".

מהראיונות עולה כי לעתים, הנישואין המוקדמים נובעים מלחץ חברתי או משפחתי. אימאן, סגנית מנהלת בית ספר מכין אל-ת'ורי לבנות, אומרת בהקשר זה: "הדבר לא תלוי בבת. היא קשורה למשפחתה ותלויה בתרבות המשפחה הסבורה שכשהבת גדלה עליה להינשא". מנהלת בית הספר המכין אל-עיסאויה לבנות, מוסיפה: "אל-עיסאויה הוא כפר שדבק במנהגים ובמסורות עתיקים המדברים על כך שעל הבת להינשא בהגיעה לבגרות". פאטמה אל-רול, מנהלת בית הספר המכין באל-סואחרה, אף מציינת כי אין זה משנה אם המשפחה משכילה או מודעת להשלכות תופעת הנישואין המוקדמים: "המנהגים והמסורות הם השולטים ותו לא".

אולם, ברוב הראיונות עם הנושרות שנישאו נישואין מוקדמים ניכר כי ההחלטה להינשא התקבלה בראש ובראשונה על ידי הנערה עצמה. הינד, בת 27, היא דוגמא לכך:

> "הייתי בין המצטיינות בבית הספר, אך רצה הגורל והתארסתי מרצוני בגיל 17 – ללא לחץ מצד המשפחה. כך קרה שהתחתנתי לפני סיום הלימודים. רק רציתי ללבוש בגדים לבנים, ולא חשבתי על שום דבר אחר".

במקרה של המרואיינת אנג'ום, הלחץ המשפחתי אמנם היה קיים, אך הוא לווה ברצון אישי להינשא. "חפצתי בשלושה דברים בחיי: נישואין, ילדים ולימודים", היא אומרת ומסבירה כי ייתכן שזו הסיבה לכך שהיא התחתנה בגיל 17.

לעתים המשפחה אף התנגדה לנישואין, כמו בסיפורה של חביבה, בת 22, שהתארסה בגיל 14, התחתנה בגיל 16 ועזבה את הלימודים בכיתה י"א.

"אהבתי אדם והוא בא והציע לי נישואין. משפחתי התנגדה, אך התעקשתי להתחתן. אבי התנה את הסכמתו לנישואין בכך שהם ייצאו אל הפועל רק לאחר המבחנים. אך חשבנו שארבע שנים הן תקופה ארוכה לאירוסין והתחתנו... בכיתה י"א הריתי ובטני גדלה. התביישתי ללכת לבית הספר וישבתי בבית".

כמה מהנשים סיפרו כי בעליהן לא אפשרו להן לשוב אל הלימודים. ויפאק חוותה זאת, כמו גם אנג'ום, שבעלה נשר בעצמו מבית הספר והתנגד תחילה להמשך לימודיה. ענבאר, בת 30, נשרה בכיתה י' מבית ספרה וסיפורה ממחיש את תופעת התנגדות הבעל ללימודים:

"הסיבה לנשירתי מבית הספר היא נישואיי. התחתנתי בגיל 16 עם בן דודתי. הוא בא וביקש את ידי והסכמתי מרצוני... אמי התנתה את נישואיי לבן דודתי בכך שיאפשר לי להשלים את לימודיי, והוא הסכים, אך כאשר התחתנו הוא לא ביצע את מה שהבטיח. הוא אמר לי 'מה תיתן לך התעודה?, מחר תלדי ולא יהיה לך זמן. לאישה, ברגע שהיא מתחתנת, אין מה לעשות עם התעודה חוץ מלתלות אותה במטבח'. מטבע הדברים, התנאי לא היה כתוב בחוזה הנישואין ולכן הוא לא יושם".

במקרה של רחימה, בן זוגה אפילו ביקש ממנה לעזוב את בית הספר. "ארוסי אמר לי לעזוב... שעדיף ללמוד במכללה מאשר לבזבז את הזמן". גם ויפאק בת ה־21 מספרת: "ארוסי הבטיח לי שאוכל להשלים את לימודיי, אך הדבר לא

נכתב בחוזה הנישואין. לאחר החתונה הוא אסר עליי ללמוד למבחני הבגרות". נוסף על כך, בני משפחתה של ויפאק סירבו שתלמד בעודה נשואה. "אבי אמר שכאשר הבת מתחתנת היא צריכה לשבת בבית". פאטמה אל-ע'ול, מנהלת בית הספר המכין באל-סואחרה, אף מציינת כי לעתים הסכם האירוסין כולל תנאי של סיום הלימודים.

גם כאשר לא התנגדו הבעלים או המשפחות לשיבת הנשים ללימודים וכאשר הנשים ההרות רצו להשתתף בשיעורים, בית ספרן הביע התנגדות לנישואיהן ורק לעתים הסכים להן להמשיך את הלימודים. מארווה, בת ה-20, מספרת:

> "לא עזבתי את הלימודים מרצוני. התחתנתי מרצוני בחופשת הקיץ עם בן דודי מצד אמי. כאשר התחילה שנת הלימודים, חזרתי לבית הספר בעידודו של בן זוגי ומשפחתי, אך בית הספר גירש אותי בטענה שאין מקום לנשים נשואות".

סיפורה של לובאב, בת ה-23, הסתיים אחרת:

> "התחתנתי בגיל 16 וחצי, ועזבתי את בית הספר בכיתה י"א בשל קושי שנבע מהיריון. למרות שמדיניות בית הספר אוסרת על נישואין והיריון, המנהלת אמרה לי שאני תלמידה נבונה ואישרה לי לסיים לבסוף את הלימודים. אך כפי שאמרתי, נשרתי בעקבות ההיריון".

גם הינד מספרת: "למרות שאסור לנשים נשואות ללמוד בבית הספר, המנהלת אישרה לי להישאר בו. אך בשל ההיריון לא הצלחתי לסיים את הלימודים".

רנדה מריבע, סגנית מנהלת תיכון אל-מאמוניה לבנות, מסבירה מדוע נאסר על צעירות נשואות להמשיך את לימודיהן בבית הספר:

"האירוסין במזרח ירושלים מתרחשים לעתים כבר בכיתה י' ואנו מרשים לבנות להישאר בבית הספר אם הן רוצות לגשת למבחני הבגרות. בנות שנישאו אינן יכולות להגיע לבית הספר גם אם הן מצטיינות וזאת כדי לשמור על שם התלמידות ובית הספר. בהתחלה לקחנו תלמידות נשואות, אבל אז הן הרו ובאו עם הבטן לבית הספר. זה עשה לנו בעיות מבחינת מוניטין. כמו כן, תלמידות היו מביאות את יחסן המסובך עם החמות לתוך בית הספר או שלא היו מגיעות ביום שבת כיוון שאז הבעל אינו עובד. לבסוף החלטנו שלא לאפשר לתלמידה הנישאת לשוב לבית הספר".

מנהלת בית ספר מטעם אונר"א מסבירה גם היא מדוע בבית ספרה קיים איסור דומה: "הסיבה היא שהנשואות לא יפיצו את התרבות השגויה בקרב התלמידות וישפיעו על הישגיהן באופן שלילי".

חששם של ההורים כי לא יצליחו להשיא את בתם מתבטא בסיבה נוספת ומורכבת יותר לנשירה במזרח ירושלים. לדברי מנהלת בית הספר התיכון לבנות בג'בל מכבר, הדא עראקי, הורים אינם רוצים לשלוח את בנותיהם לחינוך מיוחד מחשש שיידבק להן מוניטין מסוים והם לא יוכלו לחתנן. כך נוצר מצב שבו הבנות לומדות בבית ספר רגיל, אך אינן מצליחות להתמודד עם רמת הלימודים והאינטנסיביות שלהם. "לעיתים

ההורים מגלים מאוחר מדי שיש לבנותיהם צורך בחינוך מיוחד ואז הן כבר נושרות", אומרת עראקי.

לצד נישואין מוקדמים, ציינו אנשי מקצוע סיבות תרבותיות–חברתיות נוספות לנשירה במזרח ירושלים. עבד אל–סלאימה, מנהל חסות והדרכת הנוער במזרח ירושלים, הסביר למשל: "המשפחות משכונות כמו אל–טור, שועפאט ועיסאויה אינן רוצות שהנשים ייצאו מהשכונות לאזורים אחרים בירושלים ומעדיפות שהן ילמדו עבודות בית. הדבר טבוע בתרבות הירודה ובמנהגים לא בריאים". מנהלת בית ספר מכין אל–עיסאויה לבנות מציגה טענה דומה: "אנשי הכפר מתנגדים לכך שהנשים תצאנה מחוצה לו". לבסוף, לדברי מנהל בית ספר המכין לבנים בשועפאט, ישנם הורים מזרח–ירושלמים המסרבים לרשום ילדים ליקויי ראייה ושמיעה בבתי ספר מיוחדים מתוך בושה, דבר הפוגע בלימודיהם.

סיבות אישיות

"נהגתי להסתובב עם חבריי ברחוב... כל חבריי עזבו את בית הספר, וכולם היו כמוני חלשים"

61.5% מבין הנושרים שרואיינו במחקר ציינו בעיה אישית כלשהי כאחת הסיבות לנשירתם. מהראיונות עולה כי נשירה מסיבות אישיות במזרח ירושלים נובעת בעיקר מחולשה בלימודים ומהתנהגות בלתי הולמת בבית הספר. מנהל תיכון אל–ראשדיה לבנים, אסעד עויס, מסביר כי הישגים לימודיים נמוכים מובילים למצב בו "התלמיד פשוט לא רוצה ללמוד". כך קרה עם עמר, בן ה–16, שעזב את בית ספרו בשלב מוקדם מאוד – בכיתה ו':

> "עזבתי את בית הספר כי הייתי חלש בלימודים. לא למדתי, והייתי נעדר מהשיעורים הרבה. כשיצאתי מהבית [ההורים שלי

חשבון שאני הולך לבית הספר, אך לא הגעתי אליו. כאשר חזרתי מבית הספר, הייתי זורק את הילקוט ויוצא... לפעמים שאל אותי אבי אם למדתי ועניתי שכן. כאשר עזבתי, אמרו לי לשוב לבית הספר אך לא נעניתי. נהגתי להסתובב עם חבריי ברחוב... כל חבריי עזבו את בית הספר, וכולם היו כמוני חלשים. ייתכן שהסיבה הזו השפיעה עלינו".

גם דוניא נשרה מסיבה דומה, בכיתה י"א:

"עזבתי את בית הספר מפני שהישגיי היו נמוכים. אמי ואבי נזפו בי כאשר החלטתי לעזוב את הלימודים. למרות ששוכנעתי לבסוף לחזור ללימודים, בית הספר לא הסכים להכניס אותי פעם נוספת, לא יודעת מדוע".

במקרה אחר, עזבה עקילה את הלימודים בכיתה י', כאשר חשה שהיא לא תצליח לעבור את מבחני הסיום. "אני יודעת שלא אצליח במבחני התוג'יהי, ולכן קיצרתי את הדרך", היא מסבירה. בניגוד לדוניא, משפחתה של עקילה לא ניסתה לבלום את החלטתה: "כאשר החלטתי לעזוב את בית הספר... המנהלת התקשרה לאבי ואמרה לו שביקשתי זאת. הוא אמר שהוא מסכים". במקרה של תסנים הסיבה לנשירה הייתה יחסים חברתיים לא טובים עם תלמידים אחרים:

"עזבתי את בית הספר בגלל בעיות עם תלמידות אחרות. אחת התלמידות כתבה עליי פתק לא יפה והבאתי את הפתק למנהלת.

בהתחלה עמדה המנהלת לצדי וגירשה את התלמידה, אך בהמשך... היא לא רצתה אותי בבית הספר, לא יודעת מדוע. אבי לא רצה שאחזור לאותו בית הספר מחשש שהבנות יעשו לי משהו".

תסנים לא יכלה ללמוד בבית ספר אחר אליו ניסתה להתקבל כי היה עליה להתחיל מכיתה י' ולכן נכנסה לדיכאון. מרואיין אחר, עג'יב, נשר בין השאר כתוצאה מאלימות שהפעיל בבית הספר. "העירייה אסרה עליי לשוב לבית הספר מפני שהכיתי מורים ותלמידים", הוא אומר. חראמה, היועצת החינוכית של תיכון בית צפאפא, אף מציינת כי במקרים שבהם מדובר בתלמידים "בעייתיים", מחליטים לעתים בתי ספר להשאירם כיתה כדי לדרבן אותם לנשור. במקרים כאלה, טוענת חראמה, "עדיף שתלמיד אחד ינשור מאשר להפסיד שלושים תלמידים".

רכז החינוך החברתי בבית הספר צור באהר לבנים מוסיף כי תלמידים נושרים במזרח ירושלים כתוצאה מלחץ חברתי ו"חוסר יציבות בראש מבחינת פיתויים". שיפא, למשל, הושפעה מחברותיה שנשרו ועזבה גם היא את בית הספר. לדברי אום ראפת, מנהלת בית הספר המכין שרפאת של משרד ההקדשים, גם סמים גורמים לבנים לנשור. סיבה אחרת, שנקשרת גם לסיבות חברתיות לנשירה, מתבטאת בדבריו של מנהל בית הספר המכין לבנים אל-איתאם, שאומר: "הפיכת הלימוד לנשי יותר, כלומר יותר מורות על חשבון מורים, מובילה לנשירה, שכן התלמידים המתבגרים לא מכבדים את המורות ומשפילים אותן". סיבות אישיות נוספות לנשירה מודגשות בסיפוריהם של כיפאח, שסבלה מהשמנה ומבעיה פסיכולוגית; של נאסר, שהתעצל ועזב את בית הספר למרות יחס טוב שקיבל; ושל אדיב, שפשוט נעדר "בלי שום סיבה".

סיבות פוליטיות
"רבים הגרים מאחורי הגדר עזבו את בית ספר בגלל הסבל היומי"

הנושרים שרואיינו במסגרת מחקר זה לא ציינו סיבות פוליטיות כסיבות
לנשירתם, אולם כמה אנשי מקצוע ביקשו להתייחס לנושא זה. מנהל תיכון
אל-ראשדיה לבנים, אסעד עויס, ציין את הגדר והמחסומים כסיבות לנשירה.
את דבריו הרחיב יושב ראש ועדת התאחדות ההורים בבתי הספר של מנח"י,
עבד אל-כרים לאפי, שציין כי ההורים אינם רוצים שבניהם יושפלו במחסומים
הצבאיים. היועץ החינוכי של בית הספר התיכון בשועפאט לבנים אמר כי
המחסום והגדר מגבילים את תנועת התלמידים והמורים, "כך שרבים הגרים
מאחורי הגדר עזבו את בית ספר בגלל הסבל היומי".

נשירה סמויה
"פעמים רבות הרגשתי שגופי הוא שנמצא בכיתה ולא ראשי"

תופעת הנשירה הסמויה כוללת בחובה תלמידים אשר רשומים ללימודים מבחינה
פורמאלית אך בפועל השתתפותם בלימודים אינה סדירה ואינה קונסטרוקטיבית.
חלק מהתלמידים הנושרים שרואיינו במחקר זה ציינו כי במקרים רבים הם ישבו
בכיתה ולא קלטו את החומר הלימודי, כלומר חוו מעין נשירה סמויה. בסופו
של דבר, הם נשרו מן הלימודים גם באופן גלוי (חשוב לציין כי מחקר זה כלל
רק תלמידים שנשרו באופן גלוי, ולא תלמידים שנשירתם הייתה סמויה בלבד).
עומר מספר למשל:

"בכיתה הייתי לפעמים מבין ולפעמים לא. נהגתי לשוחח
עם מי שישב לצדי מפני שלפעמים לא ירדתי לסוף דעתו של

המורה. לפעמים פשוט חשבתי מתי אעזוב כדי שאוכל להיפגש
עם חבריי".

סיפורה של כיפאח ממחיש את אי הסיוע של חלק מהמורים במקרים שכאלה.
בתקופה מסוימת בלימודיה, לא הבינה כיפאח כמה מהשיעורים בהם נכחה, אך
למורה לא היה אכפת והוא הרשה לה לשמוע מוזיקה באוזניות בתנאי שהיא
תישאר שקטה ולא תשנא את השיעור. היא מספרת:

"בשיעור מדעים שמעתי שיר מוקלט או דיברתי בטלפון. פעמים
רבות הרגשתי שגופי הוא שנמצא בכיתה ולא ראשי. שנאתי את
המורים שלימדו אותי את המקצועות שלא הבנתי".

גם אדיב סיפר על הנשירה הסמויה שחווה: "מכיוון שלא עניינתי את
המורה, הייתי מצחיק את חבריי או מפליג במחשבותיי. כלומר, הייתי גוף
בלבד בכיתה".

גם הצוות המקצועי מודע לתופעת הנשירה הסמויה. חדר, מנהל בית הספר
המכין אל–עיסאויה לבנים, אומר כי תופעת הנשירה הסמויה נוטה להפוך
לנשירה גלויה כשהתלמיד מגיע לתיכון. גם יושב ראש ועדת התאחדות ההורים
בבתי הספר של מנח"י, עבד אל–כרים לאפי, מסביר כי ישנם תלמידים הנשארים
בכיתות, "אך לא באמת לומדים והופכים לנטל על היתר". היועץ החינוכי של
בית הספר התיכון בשועפאט לבנים מצטרף לדבריו ואומר: "אמנם התלמידים,
כנראה, אינם נושרים, אך הם לא באמת לומדים". זוהייר, מדריך ותיק במרכז
החסות לנוער במזרח ירושלים אף מציין כי לעתים אלימות מצד אב המשפחה

עלולה להוביל לנשירה סמויה. במקרה כזה, "הילד הולך לבית הספר רק כדי להימנע מספיגת מכות, ולא כדי ללמוד".

חרטה ולקח

"הלימודים הם נשק"

מרואיינים רבים שנשרו מבית הספר ציינו כי הם מתחרטים על החלטתם וכי לא יאפשרו לילדיהם או אחיהם לנשור מבית הספר בעתיד. נשים שנשרו מבית הספר בעקבות נישואין מוקדמים הרבו להבהיר כי לא יאפשרו לבנותיהן להינשא בגיל מוקדם מחשש שהדבר יביא לנשירתן. כך למשל מספרת הינד כי היא מעוניינת ששלוש בנותיה יסיימו ללמוד לפני נישואיהן. חביבה אף קובלת על החברה שלוחצת להתחתן בגיל מוקדם ומבטיחה: "אם אללה יזכה אותי בבנות, לא אחתנן לפני סיום לימודי התיכון לכל הפחות". במקרה של ענבאר, שבעלה סרב כי תמשיך ללמוד, הלקח כבר נלמד – אמה סירבה להשיא את יתר בנותיה לפני תום הלימודים. "היא למדה את הלקח מנישואיי", מספרת ענבאר, ומוסיפה:

> "ובאשר לבנותיי, לא אחתן ולו אחת מהן לפני שתסיימנה את הלימודים, מפני שהלימודים הם נשק ביד האישה, שאינה יודעת מה טומן בחובו העתיד עבורה... זהו נשק העתיד".

גם בפיה של ויפאק מסר דומה: "אני ממליצה לכל נערה לסיים את לימודיה לפני שהיא חושבת להתארס ולהתחתן, מפני שאחרי הלימודים הכל יהיה קל יותר עבורה". מנגד, מארווה מסבירה כי בתנאים מסוימים נישואין מוקדמים

עשויים להיות מהלך חיובי: "אם רצה הגורל והחתן משביע רצון ומעודד את אשתו ללמוד, אין רע בנישואין לפני סיום הלימודים". בקו זה נוקטת גם לובאב, שאומרת כי בעתיד תניח לבתה לבחור אם להינשא בגיל מוקדם, שכן היא מאושרת מהנישואין שלה.

תלמידים שנטשו את בית הספר מסיבות אישיות אומרים גם הם כי בעתיד הם צפויים להתחרט על החלטתם. "כרגע אני לא מתחרט אך בוודאי יבוא יום שבו אתחרט", אומר עומר, שעזב את בית הספר בשל הישגים נמוכים וניכור כלפי הלימודים. "אני אומר לאחיי תמיד 'למדו' ומבקש מהם לפתוח את הספרים ולקרוא. לפעמים אני עוזר להם, אך לא הרבה, כי אני בעצמי זקוק לעזרה". גם דוניא מבקשת להעביר מסר: "בחינות הסיום, בראש ובראשונה".

אדב, שנשרה מבית הספר בעקבות יחס רע מצד המורים, אומרת כי היא מקווה שאחיה ואחיותיה הקטנים יסיימו את בית הספר ולא ינשרו ממנו, "שכן בית הספר הוא הנשק היחיד לכל". אראם, שנשרה מסיבה דומה, מבהירה כי לא כל המורים מפלים בין התלמידים ועל כן היא "ממליצה לכל תלמיד לא לעזוב את בית הספר, אלא להמשיך ללמוד לפחות עד הבגרות". נאסר, שנשר מבית הספר בגלל יחס המנהל כלפיו, מתחרט שעזב את הלימודים ואומר כי הוא היה רוצה לחזור, אולם מבהיר כי אין לו אומץ לעשות זאת. אדיב, מצדו, מתחרט גם הוא על העזיבה, אך מדגיש כי אין ברצונו לחזור לאותו בית ספר בו המנהל התנכל לו לטענתו. עמרו, מנגד, בחר להשלים את הלימודים שפספס והוא רוצה להיבחן בבחינות התוג'יהי. "אני רוצה לחוש את שמחת ההצלחה", הוא מסביר. "אני גם דואג לאחיי ולא רוצה שהם יעזבו כמוני את בית הספר. תודה לאל, כולם מצטיינים בציוניהם". גם שיפא בחרה לחזור ללימודים, דרך המרכז המדעי "אל-צפא". "אני רוצה לגשת לבגרות", היא אומרת. באותו מרכז לומד עג'יב, שמעיד על עצמו כי הוא "מבסוט, לומד היטב ובעל הישגים

גבוהים". לגבי העתיד הוא אומר: "אני חושב ללמוד עריכת דין... כדי שאוכל
להגן על המקופחים חברתית ופוליטית".

יש לציין כי חלק גדול מהנושרים פנו, כחלופה, ללימודי הכשרה מקצועית
וטכנולוגית. כמה מהנושרות החלו, למשל, ללמוד להיות מטפלות מעון יום
ומזכירות רפואיות במכללת "אנואר", המוכרת על ידי משרד התעסוקה והעבודה
הישראלי. אחת מהן היא הינד:

"ישבתי בבית במשך שמונה שנים... התביישתי בעצמי והרגשתי
שאני טיפשה. כשהמשפחה ביקרה אצלנו, כולם דיברו אבל אני
פחדתי להשתתף בשיחות... חשתי חסרת ביטחון עצמי".

על כן, החלה הינד ללמוד במכללה והיא מעידה כי שב אליה הביטחון בעצמה.
דברים דומים אומרת רחימה, שלומדת גם היא במכללה: "הלימוד נותן ביטחון
בנפש הנערה ומספק לה עצמאות בחיים, זהו נשק העתיד".

רוב הנשים לא נתקלו בהתנגדות מצד בעליהן ללמוד במכללה, וגם כשהייתה
התנגדות הן הצליחו לשכנעם. כך למשל אומרת מארווה:

"לא רציתי לשבת בבית, ובתמיכת בן זוגי הלכתי ללמוד
פיזיותרפיה. אך רצה הגורל ונולדה לי בת ולא התפניתי להתמקד
בלימודים אלה... לא התייאשתי וכעבור שנה עודד אותי בעלי
להירשם למכללה ובחרתי ללמוד גננות".

גם פאדיה לומדת גננות במכללה, בשל אהבתה לילדים, אך מבהירה כי לו הייתה
מסיימת תוג'יהי הייתה רוצה ללמוד פסיכולוגיה.

9

דרכים מומלצות לטיפול בנשירה

אנשי המקצוע שרואיינו במסגרת מחקר השדה הצביעו על כמה דרכים
שעשויות להביא לצמצום תופעת הנשירה מבתי הספר במזרח ירושלים.
בבתי הספר בהם עובדים חלק מהמרואיינים כמה משיטות אלה כבר
הוכתרו, לטענתם, בהצלחה. את התוכניות לטיפול בנשירה ניתן לחלק
לשני סוגים: יצירת מודעות וקשר עם המשפחות והתלמידים, ומתן עזרה
לתלמידים חלשים.

מודעות וקשר עם המשפחות והתלמידים

כמעט כל אנשי המקצוע שרואיינו במחקר זה הדגישו את חשיבות שמירת
הקשר בין התלמידים ומשפחותיהם לבין בית הספר. מהראיונות עולה כי בתי
ספר שונים במזרח ירושלים מקיימים מפגשים תכופים עם הורי התלמידים
הסובלים מבעיות בלימודים. מנהלת בית הספר המכין אחמד סאמח באל–ת'ורי
מספרת כי מדיניות בית הספר היא לעדכן את הורי התלמיד באופן רציף על
מצבו בלימודים. רכז החינוך החברתי בבית הספר צור באהר לבנים מציין כי
גם כאשר התלמיד נעדר מהשיעורים, כלומר מגלה סימנים של נשירה סמויה,
עשוי קשר של בית הספר עם המשפחה למנוע את נשירת התלמיד. אימאן,
סגנית מנהלת בית ספר מכין אל–ת'ורי לבנות, ממשיכה את דבריו באומרה:
"כשיש היעדרות ממושכת אנו עוקבים ומבררים את הסיבה".

מנהל חטיבת הביניים אבן רושד לבנים בצור באהר אף ניסה בעצמו להתחבב על התלמידים ולשמוע מה רצונם. הוא גרם לתלמידים להבין שהצוות הפדגוגי אינו אויבם אלא רוצה בטובתם ובלימודם בלבד. הוא ממליץ:

"עלינו להרגיש את התלמידים ולשתף אותם בהוויה הבית-ספרית לימודית. למשל, להקים מועצת תלמידים. אסור [שהם ירגישו] כניצבים, אלא כבעלי דעה ושותפים שעוזרים בקבלת ההחלטות ואף יוזמים".

מנהל תיכון אל-ראשדיה לבנים, אסעד עויס, אומר כי יש להביא לשיפור התנהגותם של הילדים הנמצאים בסכנת נשירה, תוך התרכזות בהיבטים חברתיים, החדרת תודעה בדבר חשיבות בית הספר וטיפול באלימות.

חשוב לציין בהקשר זה כי הקניית מודעות למשפחות באה לידי ביטוי לא רק בהקשר הלימודי, אלא גם בנושאים חברתיים שעלולים להביא לנשירה. אימאן, סגנית מנהלת בית ספר מכין אל-ת'ורי לבנות, מסבירה למשל כי בית ספרה מארגן הרצאות בנושא הנישואים המוקדמים וסכנותיו, כולל אירוח מרצים לשם כך. גם מנהלת בית ספר לבנות בשועפאט לכיתות ו'-י', התייחסה לנושא: "בית הספר, המורות והיועצת מקיימות הרצאות למשפחה ולתלמידות על הסכנות בנישואים מוקדמים. המשפחה אמנם לא מתלהבת, אבל עבודת המורות והיועצת הצליחה להפחית את התופעה". ומה קורה כשתלמיד נמצא על סף נשירה מסיבות כלכליות? מנהלת בית הספר המכין אל-טור לבנות משיבה: "אם הבת חכמה והסיבה ליציאתה [מבית הספר] היא כלכלית, אז אנו מתערבים בכוח כדי להחזירה לספסל הלימודים". גם בבית הספר טרה סנטה בעיר העתיקה מקדמים מוטו דומה: "אף תלמיד לא ייצא מבית הספר על-רקע כלכלי"!. בבתי הספר של אונר"א בפרט

ניתן סיוע לתלמידים שגדלים במשפחות עניות. האני אל–עמרי, עובד באונר״א, אומר בנושא זה: ״אנחנו מציידים את התלמידים בכלי כתיבה בחינם ובכל מה שצריך ולכן אין נשירה בגלל המצב הכלכלי״.

הקשר בין בית הספר לתלמיד מתנהל לעתים דרך יועץ חינוכי. רנדה מריבע, סגנית מנהלת תיכון אל–מאמוניה לבנות, מדגישה את חשיבות תפקיד זה: ״בבית הספר יש יועצת אשר מנסה לפתור את בעיות ההתנהגות או את הבעיות האישיות של התלמידות״. לדברי מנהלת בית הספר התיכון לבנות בג׳בל מכבר, גם כאשר ישנן בעיות בביתה של תלמידה מסוימת פועלת היועצת החינוכית יחד עם הצוות הפדגוגי על מנת לטפל במצב. ראש מדור הדרכה וייעוץ בבתי הספר של הווקף האסלאמי, סמיר תרמאן, מסביר על פרוצדורת הייעוץ:

> ״תפקיד היועץ החינוכי הוא להשלים את תפקידו הלימודי והתפיסתי של בית הספר מבחינה פסיכולוגית, חברתית והתנהגותית עבור כל התלמידים ללא יוצא מן הכלל. למרות שהתלמיד במרכז, על היועץ להיות בקשר עם בית הספר, ההנהלה, המורים והסביבה המקומית, שכן לעיתים התלמיד הוא הקורבן... בסך הכל, אין תמיד קשר טוב בין המנהל ליועץ החינוכי במקרים שבהם הראשון רוצה להנשיר תלמיד ואז התערבותו של היועץ כבר מאוחרת. לכן, בסוף כל מחצית ושנה אנו מבקשים מכל בתי הספר שיציידו אותנו בשמות התלמידים שנשרו, כולל תאריך ומספר טלפון, כדי שנבצע את המוטל עלינו כיועצים ונשיבם לספסל הלימודים. זה כולל, כמובן, ביקורי בית כשצריך וקשר עם המשפחה לצורך הבנת הסיבה לנשירה. לעיתים מצליחים ולעיתים לא״.

ופא, היועצת החינוכית של בית הספר המכין התיכון אל-פתאה אל-לאג׳יאה בירושלים, אומרת כי במהלך טיפולה בבעיות התנהגותיות ובעיות רגשיות של תלמידות, נרקמת עמן מערכת יחסים של אמון״

בראיונות עלתה גם חשיבותו של נושא היחסים בין המורים לתלמידים. בבית הספר המכין אחמד סאמח באל-ת׳ורי מופעל למשל פרויקט בשם ״מלב אל לב״, המושיב בצוותא מורים ותלמידים. ״הם יושבים יחד ומכירים אחד את השני״, אומרת מנהלת בית הספר. ״המורה מדבר עם התלמיד על הבעיות ופועלו השגוי בשיעור, ואילו התלמיד, בשל ההתקרבות שחלה בינו לבין המורה, מתבייש במעשיו ומשתדל להימנע מהם להבא״.

עזרה לתלמידים חלשים

כפי שצוין במחקר זה ובמחקרים קודמים, אחת הסיבות המרכזיות לנשירה מבתי הספר היא הישגים לימודיים נמוכים. נראה כי במישור זה לא מעט בתי ספר במזרח ירושלים פועלים על מנת לצמצם את שיעור הנשירה. חלק מהמרואיינים ציינו כי בבתי הספר בהם הם עובדים מקדישים המורים זמן נוסף על מנת לסייע לתלמידים במקצועות שבהם הם מתקשים. ״המנהלת יוזמת ורותמת את המורות לעזור לתלמידות בערבית, אנגלית ומתמטיקה״, אומרת למשל אימאן, סגנית מנהלת בית ספר מכין אל-ת׳ורי לבנות. לעתים גם ניתנות תוכניות אישיות לתלמידים מתקשים. נדאל, מנהלת חטיבת הביניים ״בנאת אל-קדס״ לבנות, מנסה בהקשר זה ״להתאים את יכולות התלמיד, באמצעות המורות, לחומר הנלמד״. כחלק מאותה מגמה, בבית הספר ״אל-טור״ ישנה חלוקה לשלוש הקבצות – טובה, בינונית וחלשה – ושתי מורות נמצאות בכל כיתה: אחת עם החלשים והשנייה עם שתי הקבוצות הנותרות. מנהלת בית

ספר מכין אל–עיסאויה לבנות ביקשה גם לציין את התוכניות הרחבות יותר, כגון "אופק חדש" ו"חלון", שמסייעות לתלמידים חלשים העלולים למצוא את עצמם נושרים מבית הספר.

רנדה מריבע, סגנית מנהלת תיכון אל–מאמוניה לבנות, מסבירה כי קודם כל יש למנוע תהליך של "הנשרה" של תלמידים חלשים. "בית הספר שלנו, כמדיניות, איננו מנשיר תלמידות בשל הישגיהן הנמוכים. מבחינת בית הספר הוא מגיש כל תלמידה לבחינות התוג'יהי". גם יוסוף, סגן מנהל ורכז חינוך בית הספר טרה סנטה בעיר העתיקה, מסביר כי הצוות גאה בתלמידים ומתאמץ בכל מאודו שהתלמידים יישארו בבית הספר. מנהלת בית הספר המכין אחמד סאמח באל–ת'ורי אף טוענת כי אין להשאיר תלמיד שנה באותה הכיתה, גם אם הישגיו נמוכים מאוד.

אך כיצד ניתן לזהות במהירות תלמידים חלשים? רכז החינוך החברתי בבית הספר צור באהר לבנים אומר כי בבית ספרו נערכים מבחנים כלליים בתחילת השנה לבדיקת רמת התלמידים. לדברי מנהלת בית הספר המכין לבנות של אונר"א בסילוואן, שיטה נוספת היא שימוש ב"סייענים שנכנסים לכיתה ומאתרים את החלשים כדי לחזקם". יש לציין כי תוכניות מיוחדות ניתנות לעתים גם לתלמידים מצטיינים, על מנת להמשיך ולאתגר אותם. מנהלת בית הספר המכין אחמד סאמח באל–ת'ורי אומרת בהקשר זה: "התוכנית איננה כוללת רק תלמידים חלשים אלא גם מצטיינים, שנסעו למשל לבקר במכון ויצמן".

פתרונות נוספים

פתרון נוסף, שהועלה על ידי חלק קטן בלבד מאנשי המקצוע, ככל הנראה בשל הבנת הקושי בהשגתו בשלב זה, הוא צמצום הצפיפות בכיתות. יוסוף, סגן מנהל

ורכז חינוך בית הספר טרה סנטה, מבהיר בנושא זה: "למה אין נשירה? מספר התלמידים כאן קטן ואין צפיפות". גם ג'מיל ח'ברה, מורה בבית הספר המעורב מאר מטרי, אומר כי אחת הסיבות לשיעור הנשירה הנמוך בבית ספרו היא קיומן של כיתות מרווחות ופחותות תלמידים. הוא אף מדגיש את חשיבות רמת ההוראה בכיתות: "רמת המורים כאן גבוהה ורק מורה עם תעודת הוראה מלמד". לדברי סגן מנהל ורכז חינוך בית הספר טרה סנטה, גם משחקים ופעילויות ביוזמת בית הספר עשויים לצמצם את שיעורי הנשירה.

יש מי שסבור כי הטיפול בנשירה מורכב הרבה יותר ודורש רפורמות כוללות בתוכניות החינוך במזרח ירושלים. וחיד מוסא, המפקח הכללי על החינוך במגזר הערבי בירושלים, אומר בהקשר זה: "הבניית תוכנית רצינית מטעם מדינת ישראל היא הפתרון היחיד למערכת החינוך במזרח ירושלים. עד שזה יקרה, אם יקרה, המצב רק יחמיר". ויש גם מי שמביע עמדה פסימית יותר. רכז השפה האנגלית בבתי הספר של מנח"י והחינוך המיוחד סבור כי אין דרך להתמודד עם הילד בגיל ההתבגרות ולספק לו מסגרת שתחליף את רצונו להסתובב ברחובות, לראות טלוויזיה ולגלוש באינטרנט.

דוגמא להצלחת חלק נכבד מהשיטות וההמלצות שהוצגו לעיל מתבטאת בבית הספר המקיף "אל–מטראן". עיד סאדר, מנהל בית הספר, ידע לשלב בין ההמלצות השונות וכיום הוא טוען כי כלל לא קיימת נשירה בבית הספר. הוא מרחיב:

"אנו משקיעים בתלמידים ומדברים איתם על מטרותיהם. מדברים גם עם המשפחות ומסבירים להן כיצד עליהן לטפל בילדיהן. אנחנו אוהבים את התלמידים, מכבדים אותם, אך

גם דורשים מהם. בנוסף, אנו מוסרים הרצאות של מודעות לתלמידים ולהורים בדבר הסכנות הטמונות בסמים, באלימות ובעישון וכן עושים פעולות בידור לתלמידים. מבחינה לימודית, המורים עוזרים לתלמידים החלשים לאחר שעות הלימוד. כמו כן, קיימת תוכנית שבמסגרתה עוזרים תלמידים לתלמידים אחרים, צעירים מהם. ישנם גם יחסים של אהבה וקרבה בין התלמיד למורה".

גם לאחר הנשירה, ישנם מוסדות המסייעים לבני נוער. אחד מהם הוא מרכז החסות להדרכת נוער במזרח ירושלים. עבד אל-סלאימה, מנהל המרכז, אומר כי המרכז עובד עם נערים ונערות במצוקה בגילאים 14–18 שאינם נשואים ומחפש אותם בשכונה, במועדון בבית הקפה ובמגרש. הוא אומר:

"המטרה היא לעזור לאותם ילדים שבמצוקה. אנחנו מספקים לנערים ולנערות מקצועות והתמחויות אלטרנטיביות כגון נהיגה, קוסמטיקה וכו'. הנערים והנערות נשרו כבר, אך אנו מחזקים אותם לימודית. ישנם מורים ומורות מקצועיים, שמלמדים את התלמידים ביחידות ועוזרים לחלקם בהשלמת לימודי בית הספר התיכון. יש אמון בין ההורים לצוות הטיפולי. עלינו ליצור סביבה של אהבה וכבוד הדדי בין כל האנשים שבבית הספר".

זוהייר, מדריך וותיק במרכז, מוסיף:

"המוסד כולל תלמידים שעזבו את בית הספר בשל חולשה בלימודים ומסיבות אחרות. אני כבר 24 שנים מתעסק עם ילדים

כאלה ומניסיוני אני אומר לך – מספרם עולה מדי שנה, בעיקר בקרב הבנים. אנו נותנים ביטחון עצמי לילד, מקשיבים לבעיותיו ורצונותיו ומנסים לספק את צרכיו. התלמידים לומדים כיחידים או בקבוצות, וכך מבינים יותר את החומר מאשר בכיתה עם 30 תלמידים או יותר".

המוסד גם מארגן לילדים טיולים וסדנאות ציור וכלשונו של זוהייר: "פשוט גורם לנערים להרגיש מוכלים ואהובים".

10

❧

דיון

Bowen ו Richmann (1997) הצביעו על ארבעה סוגים של בני נוער במערכת
החינוך על פי נוכחותם או השתתפותם הפיזית והפסיכולוגית. מחקר זה
התמקד בשני הסוגים הראשונים שהציגו השניים – בני הנוער המנותקים
(הנעדרים פיזית ופסיכולוגית) ובני הנוער הנעדרים פיזית, אך נפשית עדיין
רוצים להיות שייכים. הנושרים שרואיינו תיארו את הסיבות השונות שגרמו
להם לנשור מבית הספר, ורובם הביעו חרטה על החלטתם, כך שניתן לסווגם
בעיקר בקטגוריה השנייה. בדומה לפרופיל שהציגו מחקרים שונים לנער
הנושר הישראלי (כהן–נבות ואחרים 2001; קפל–גרין, 2005), עולה ממחקר
זה כי גם הנערים הנושרים במזרח ירושלים, שהסכימו להתראיין למחקר זה,
מתאפיינים בהישגים לימודיים נמוכים מאוד, בהערכה עצמית נמוכה ובבעיות
ביחסים עם ההורים. בני הנוער הנושרים בישראל מתאפיינים גם בבעיות
התנהגות המגיעות לכדי אלימות ובהיקף רב במיוחד של התנהגות שולית
כמו שימוש באלכוהול או סמים ומעורבות בפלילים, אולם הנושרים ואנשי
המקצוע שרואיינו במחקר זה הזכירו פחות בעיות אלה.

ממצאי מחקר זה עולים בקנה אחד עם מחקרים מהשנים האחרונות
שהבליטו את השפעתם של מערכת החינוך ובתי הספר על תהליך הנשירה
(קפל–גרין, 2005; סבר, 2002). למאפייני בית–הספר, למבנהו ולדרכי
פעולתו, כך נטען, יש תפקיד חשוב בהגברת הסיכון לנשירה או בהקטנתו.

נמצא בעבר כי בבתי ספר שונים במזרח ירושלים משודרות ציפיות נמוכות לתלמידים וניכר חוסר התעניינות וכבוד אליהם, וכן אפליה ונוקשות כלפיהם, לעתים תוך אלימות גופנית ומילולית (משרד החינוך הפלסטיני, 2005). ואכן, הנושרים שרואיינו במחקר שדה זה הציגו את שידור הציפיות הנמוכות מצד המורים, ההוראה הלקויה, אי התעניינותם של המורים בתלמידים חלשים והיחסים הרעים ביניהם כסיבה מרכזית לנשירתם מבית הספר. חלק ניכר מהמרואיינים נשרו בשל יחס רע מצד המורים ומפאת אפליה שננקטה, לטענתם, כלפיהם. במקרים אחרים, נשרו תלמידים בשל יחס שלילי מצד מנהל בית הספר. מהממצאים ניכר אפוא כי למאפייני בית הספר השפעה משמעותית על החלטת התלמיד לנשור ממנו. התמקדות בשיפור מאפיינים אלה עשויה להביא לצמצום הנשירה.

גם אנשי המקצוע שרואיינו במחקר זה הסבירו את חשיבות השמירה על אקלים בית–ספרי טוב כדרך למאבק בתופעת הנשירה. הם טענו כי ההעברה האוטומטית לכיתה הבאה וחוסר האבחנה בין תלמידים מצטיינים, בינוניים וחלשים יוצרים תחושה אצל התלמיד שאין צורך להתאמץ יותר מדי "כי כולם עולים כיתה". אנשי המקצוע גם טענו כי קיים מחסור בבתי ספר מקצועיים לקליטת תלמידים שאינם מסתדרים עם המסלול העיוני וכי אין מספיק עובדים סוציאליים ויועצים חינוכיים, שיוכלו לטפל בבעיות התלמידים.

בניגוד לספרות המחקר בנושא (לאפי, 2005; וורגן, 2006), הנושרים מיעטו להתייחס למיעוט המשאבים והשירותים בבית הספר ולאי הרלוונטיות של תוכנית הלימודים כסיבה לנשירתם. גם אנשי המקצוע לא הרבו להזכיר נושאים אלה. ניתן להסיק מכך כי, לפחות באופן מודע, התלמידים אינם מתייחסים למה שחסר להם אלא נושרים בעיקר בשל בעיות באקלים הבית–

ספרי הסובב אותם. בצורה בלתי מודעת, ייתכן מאוד כי הצפיפות בכיתות והתשתית הרעועה השפיעו גם הן על נשירתם של המרואיינים במחקר זה. נמצא כבר כי הצפיפות מפחיתה את רצון התלמיד להשלים את לימודיו, ובכך עלולה להוביל לנשירה.

במחקר זה, בדומה למחקרים קודמים, באו לידי ביטוי גורמים משפחתיים העלולים להביא לנשירה. רמת השכלה נמוכה של ההורים, תפקוד לקוי של המשפחה, אדישות של ההורים כלפי מערכת החינוך, היעדר תמיכה בנערים וציפיות נמוכות מן הילד נמצאו במחקר זה כסיבות לנשירה מבית הספר. מחקרים הראו כי ההורים בקהילות הרואות את ההשכלה כאמצעי חיוני להשגת סטאטוס בחברה, דואגים לכך שילדיהם יישארו בבית הספר ויעשו מאמצים לעמוד בדרישות שלהם מהם (סבר וגור, 2001). המחקר במזרח ירושלים תואם במידת מה ממצא זה, שכן נראה כי ההורים אינם מודעים לחשיבות ההשכלה ולכן חלקם אינם דואגים לכך שילדיהם לא ינשרו מהלימודים. ממצאי המחקר עולים בקנה אחד גם עם מחקרים נוספים בנושא, שהראו כי הורים פלסטינים רבים אינם מודעים לחשיבות הלימודים ורמתם הלימודית והתרבותית נמוכה (חסנין ואל–ג'איח, 1992; משרד החינוך הפלסטיני, 2005). אין ספק שגישה כזו מעודדת, או לפחות לא מונעת, נשירה. אי מודעות זו גורמת לעתים להורים לאלץ את ילדיהם לצאת לשוק העבודה או להפעיל לחץ לנישואין מוקדמים.

הנושרים כמעט ולא ציינו את מיעוט המשאבים הכלכליים של משפחתם כסיבה ישירה לנשירתם. זאת, בניגוד למחקרים קודמים שהבליטו את האלמנט הכלכלי וגרסו כי כאשר ההורים הם שמעוניינים שהבן/בת ינשרו מבית הספר, כדי לעזור בפרנסת המשפחה, יש בכך כדי להאיץ תהליכי נשירה.

מאותם מחקרים עלה כי במזרח ירושלים שיעורי הנשירה הגבוהים מזוהים במידה רבה עם עוני ולחץ להתחיל לעבוד (משרד החינוך הפלסטיני, 2005; Peraino, 2008; חסנין ואל-ג'איח, 1992). ברוח דומה, בני הנוער הערביים בישראל דיברו בחלק מהמחקרים על תמיכה בהחלטה לעזוב את בית הספר מצד הוריהם וחבריהם, וציינו כי עזבו את הלימודים על מנת לעזור בפרנסת המשפחה (כהן-נבות ואחרים 2001; קפל-גרין, 2005). גם בני נוער פלסטיניים מרחבי הגדה המערבית הזכירו את ההצטרפות לשוק העבודה כסיבה לנשירה (Gough, 2011). כמו כן, במחקרים נמצא כי ישנו קשר ישיר בין עלות הלימודים לשיעורי הנשירה. אולם, כאמור, במחקר הנוכחי אין אינדיקציה לממצאים דומים – נושרים כמעט ולא ציינו את האלמנט הכלכלי כסיבה לנשירתם. ייתכן כי הדבר נובע מרקע סוציו-אקונומי פחות בעייתי של התלמידים המרואיינים ומהקושי לראות במדגם הנבחן במחקר זה כמייצג את כלל התלמידים הנושרים במזרח ירושלים (רוב המרואיינים הם נשים, הנוטות פחות לנשור מסיבות כלכליות). נראה כי, לפחות בעיני הנושרים שלקחו חלק במחקר זה, הצטרפות לשוק העבודה חשובה פחות מגורמי נשירה אחרים, כמו יחסי מורה-תלמיד ונישואין מוקדמים.

נישואין מוקדמים נמצאו כבר במחקרים קודמים כסיבה לנשירה בקרב בני נוער פלסטיניים וערביים, גם במזרח ירושלים (Gough, 2011, הלשכה המרכזית הפלסטינית לסטטיסטיקה, 2011). החברה הערבית בישראל בכלל, ובמזרח ירושלים בפרט, היא עדיין חברה שמרנית הממקמת את האישה נמוך בהיררכיה המשפחתית. מהאישה מצופה להיות תלויה בבעלה ולהיכנע לרצונותיו ולצרכיו (ג'מאל ואחרים, נדלה ב-2012). ואכן, אחת הסיבות המרכזיות לנשירה בקרב נשים שהסכימו להתראיין למחקר זה הייתה נישואין מוקדמים.

נשים אלו התחתנו בגיל צעיר ונשרו מן הלימודים מפאת מחויבויות מרובות למשפחתן החדשה או בשל היריון. כפי שטען אחד מאנשי המקצוע, הסיבה לנישואין המוקדמים ולנשירה כתוצאה מהם במזרח ירושלים טמונה בתפיסה הרווחת בחברה הפלסטינית לפיה האישה, בין אם תלמד או לא, תמצא את עצמה בסופו של דבר בבית ובמטבח. לכן, כך נטען, נישואין הם מעין הגנה עליה. חלק מהנשים שנשרו בשל היריון ונישואין מוקדמים ציינו כי התביישו להראות את גופן בבית הספר או שהיו עייפות מדי מכדי ללמוד.

ברוב הראיונות עם הנושרות שנישאו נישואין מוקדמים ניכר כי ההחלטה להינשא התקבלה בראש ובראשונה על ידי הנערה עצמה, אך לעתים נרשם לחץ מצד המשפחה. עולה מכך כי נישואין מוקדמים הינם תופעה עמוקה שהשתרשה בחברה ובקרב הנשים עצמן, הרואות צורך להקים משפחה בגיל צעיר חרף הסכנה לעתידן המקצועי. בנוסף, לא מעט נשים סיפרו כי בעליהן לא אפשרו להן לשוב אל הלימודים או ביקשו שיעזבו את בית הספר. ממצא זה מעיד על כוחן של הגברים בחברה הערבית והפלסטינית ועל מעמדן הנחות של נשים. לעתים גם בית הספר עצמו לא הסכים לנשים הרות או נשואות ללמוד בין כתליו. מהמחקר עולה שבנוסף לנישואין מוקדמים, תלמידות נושרות גם כדי לעזור לאמהותיהן במשימות הבית.

באשר למאפייני בני הנוער עצמם, תואם מחקר זה את ממצאיהם של מחקרים רבים שהצביעו על קשיים לימודיים, על הישגים נמוכים, על לקויות למידה לא מאובחנות, על בריאות לקויה, על דימוי עצמי נמוך, על בעיות חברתיות ועל רמת מיומנויות נמוכה כסיבות לנשירה מבית הספר. במחקרים שונים צוין כי הכישלון הלימודי מלווה, בדרך-כלל, גם בחוסר תפקוד במסגרת, העשוי להתבטא בבעיות התנהגות קשות כמו שימוש בסמים ועבריינות (כהן-נבות,

אלנבוגן- פרנקוביץ ורייפנלד, 2001; סבר, 2002). הנושרים שרואיינו במחקר זה אמנם לא ציינו התנהגות אלימה מאוד מצדם, וכך גם אנשי המקצוע, אך ניכר כי לא מעט מהם היו מתוסכלים מהישגיהם הלימודיים. ייתכן כי בעקבות כישלונות בלימודים, סבורים בני הנוער כי אין ביכולתם לרכוש השכלה שתקדם אותם בחייהם ותסייע להם במציאת עבודה. תסכול שכזה עלול לגרור אותם אל שוק העבודה או לגרום להם להטיח את האשמה במורים, בטענה כי אינם מלמדים כראוי.

ממצאי מחקר זה תואמים מחקרים קודמים שלא ראו בסיבות פוליטיות וביטחוניות כסיבות מרכזיות לנשירה במזרח ירושלים. יש שטענו כי במזרח ירושלים שיעור הנשירה מושפע מהקמת מחסומים וגדרות וממעצרים. בניית גדר ההפרדה בין ישראל לחלק מהגדה המערבית ניתקה לטענתם חלקים גדולים של מזרח ירושלים מישראל, הביאה להקמת מחסומים נוספים ומנעה מילדים גישה נוחה לבתי ספר. אלפי ילדים נאלצים לחצות מחסום בדרך לעיר מדי יום כדי להגיע לבית הספר. נמצא כי מרחקים גדולים אלה וגישה מוגבלת לבתי הספר תורמים לשיעורי הנשירה הגבוהים בקרב תלמידים ערבים הגרים במזרח ירושלים (לאפי, 2005). אך הן הנושרים והן אנשי המקצוע שרואינו במחקר הנוכחי לא הרבו לטעון כי נשירה נובעת ישירות מגורמים אלה. הקמת גדר ההפרדה והמחסומים אמנם מקשה על הגעת התלמידים לבית הספר ובחלק מהמקרים, לטענת אחד המומחים, מובילה לנשירה בשל קשיים אלה, אך השפעותיה על התופעה נמוכות לעומת סיבות אחרות, הנוגעות לתלמיד ולבית הספר. על כן, ניתן לקבוע כי סיבות נשירה הנוגעות לביטחון וליחסים עם ישראל אמנם מוזכרות רבות בתקשורת, אך, לפחות מבחינת המרואיינים, הן בעלות משמעות פחותה. יש לזכור גם שאין מדובר במדגם מייצג של כלל אוכלוסיית הנושרים.

ומה לגבי הנשירה הסמויה? בספרות התיאורטית שקדמה לממצאי המחקר צוין כי בקרב אוכלוסיית הנושרים הסמויים ניתן לזהות שלוש תת–קבוצות של בני נוער ברמת סיכון לנשירה סמויה: בני נוער הנעדרים בתכיפות גבוהה ולתקופות ארוכות, בני נוער שמתייצבים בבוקר ו"מבריזים" באמצע היום, ובני נוער שמגיעים לכיתה, מתיישבים אך בעצם אינם מתחברים למה שקורה באמת (להב, 2004). במחקר זה הנושרים הסמויים שרואיינו הפכו בסופו של דבר לנושרים גלויים. במידה והיו נשארים בבית הספר ניתן היה לסווגם בעיקר תחת הקטגוריה הראשונה והשלישית. מסיפוריהם של הנערים הנושרים עולה לא פעם הקשר הרציף בין נשירה סמויה לגלויה ונראה כי שתי התופעות קשורות זו לזו בכך שהראשונה מובילה לשנייה. חלקם ציינו כי נכחו אמנם בשיעורים אך לא באמת הקשיבו לתכנים והתעסקו בעניינים אחרים. אבחון מהיר של הנשירה הסמויה של המרואיינים היה אולי מונע את נשירתם הפורמאלית מבית הספר.

ניתן לראות כי בדומה לטענתם של כהן–נבות ואחרים (2001), עולה ממחקר שדה זה כי לנשירה מבית הספר במזרח ירושלים גורמים רבים, וכשנער או נערה נושרים מדובר לרוב בשילוב של מספר גורמים. התפיסה הרווחת כיום בספרות המקצועית היא שנשירה היא תוצאה של תהליך לו שותפים הנער, בית הספר, המשפחה והסביבה התרבותית, ונראה כי בני נוער במזרח ירושלים אכן נשרו מסיבות המשלבות גורמים אלו. באופן דומה, בכמה מחקרים שנעשו בעבר, הנשירה נתפסה כתוצר של אינטראקציה בין מאפייני סביבת התלמיד לבין מאפייני בית הספר. מודל שהוצג בהקשר זה, וניתן להחילו במידת מה גם על המצב במזרח ירושלים, מתייחס לגורמים דוחפים ולגורמים מושכים נשירה (קפל–גרין, 2005; Jordan et al, 1996). גורמים דוחפים נשירה במזרח ירושלים

טמונים בבית הספר עצמו ומשפיעים, על פי חלק מהראיונות במחקר זה, על הקשר השלילי שיוצר התלמיד עם סביבת בית הספר: התלמיד סובל מיחס שלילי מצד הצוות החינוכי ואינו מקבל סיוע כאשר הוא מתקשה בלימודים. מנגד, הגורמים המושכים נשירה הם אלה הנמצאים בסביבתו של הנער, מחוץ לבית הספר. משפחתו אינה מודעת לחשיבות הלימודים ולכן נוטה שלא לבלום את רצונו לנשור מבית הספר. הוא מושפע מתפיסות חברתיות הנוגעות לנישואין מוקדמים ולמעמדה הנמוך של האישה. נראה כי גם במזרח ירושלים, שני סוגי הגורמים הללו, דוחפים ומושכים, פועלים יחד ומשפיעים על הנסיבות המביאות את התלמיד, בסופו של דבר, לנשירה מהלימודים.

באשר למאבק בנשירה, מהראיונות עולה כי מסגרות הלימוד השונות במזרח ירושלים מנסות להתמודד עם תופעה זו במגוון דרכים. הדרך המרכזית היא קיום קשר רציף, באמצעות מפגשים עם משפחות התלמידים הסובלים מבעיות בלימודים או באמצעות תיווכו של יועץ חינוכי. לצד זאת, מושם דגש רב על יצירת מודעות בקרב המשפחות על חשיבות הלימודים ועל ההשלכות הנובעות מנשירה, מאלימות ומנישואין מוקדמים. בראיונות עלתה גם חשיבותו של נושא היחסים בין המורים לתלמידים: חלק מאנשי המקצוע שרואיינו ציינו כי בבתי הספר בהם הם עובדים מקדישים המורים זמן נוסף על מנת לסייע לתלמידים במקצועות שבהם הם מתקשים. לעתים גם ניתנות תוכניות אישיות לתלמידים מתקשים. תוכניות מיוחדות ניתנות לעתים גם לתלמידים מצטיינים, על מנת להמשיך ולאתגר אותם. נראה כי יחסים טובים בין המורים לתלמידים, קשר רציף עם התלמיד ומשפחתו והקניית מודעות בדבר חשיבות הלימודים הם שלושת האלמנטים החשובים ביותר במאבק בנשירת התלמידים. מימושם כבר הוכתר בהצלחה בכמה מוסדות לימוד וצריך להוות מודל לחיקוי בעבור בתי ספר נוספים.

דגש נוסף מושם בחלק מבתי הספר על רמת ההוראה של המורים ועל פעילויות ביוזמת בית הספר. עם זאת, המרואיינים לא הרבו להזכיר תוכניות של משרד החינוך הישראלי לטיפול בנשירת תלמידים. אחת התוכניות המרכזיות במזרח ירושלים שכן הוזכרה היא התוכנית של עמותת חלו"ן. מערכות מסייעות כמו מערך קציני הביקור הסדיר הוזכרו אף הן.

סיכום

הזכות לחינוך היא זכות יסוד חשובה. החינוך, כך נטען, הוא התשתית לקיומה של כל קהילה והבסיס המכונן שלה. הוא מצמיח את דור ההמשך ומאפשר לו לחלום, להתקדם ולשאוף (עליאן ואחרים, 2012). בית הספר ממלא תפקיד מרכזי בחייהם של בני נוער בכל חברה. הם רוכשים בו השכלה, כמו גם כישורים אישיים ובין-אישים הנחוצים להמשך דרכם. בית הספר מהווה מסגרת מרכזית המאפשרת לבני נוער לקיים יחסים חברתיים עם בני גילם, החשובים מאוד בשלב זה של התפתחותם. על כן, לנשירה מבית הספר עלולות להיות השלכות שליליות ומסוכנות על חייהם של הנושרים. בני נוער שנשרו ממסגרות לימודיות נמצאים בסיכון לעיסוק באלימות, לנטילת סמים ולמחסור בקשרים חברתיים משמעותיים. בהמשך חייהם, הם צפויים למצוא את עצמם בתחתית החברה ולהיתקל בקשיים במציאת עבודה בעלת שכר הולם (קפל-גרין, 2005; סבר, 2002; כהן-נבות ואחרים, 2001). הנשירה מגדילה גם את היקף הבערות והאבטלה ומחלישה את התשתית הכלכלית ואת תוצר החברה. בנוסף, הנשירה מעבירה את התעניינות החברה מבנייה, מפיתוח ומשגשוג להתעניינות בטיפול ותיקון המצב הקיים, ומביאה להנצחת מנהגים מסורתיים שבולמים את התפתחות החברה.

שיעורי נשירה גבוהים נרשמו לאורך השנים באזור מזרח ירושלים, אזור שנחשב לאחד מסלעי המחלוקת המרכזיים בין ישראל לרשות הפלסטינית ואשר מתאפיין במערכת חינוך מגוונת ובלתי אחידה. סוגיות אלה ואחרות – כמו קיומה של גדר המפרידה בין תלמידים לבתי הספר שלהם ומחסומי שפה המשפיעים על מבחנים וזכאות לבתי הספר – הופכות את המקרה של הערבים בירושלים למיוחד.

לאור שיעורי הנשירה הגבוהים במזרח ירושלים, מחקר זה נועד לאפיין את תופעת הנשירה של תלמידות ותלמידים בבתי ספר באזור זה, על סיבותיה השונות, ואת ההתמודדות עמה. ייחודו של מחקר זה טמון בהבאת סיפורם של 26 תלמידים ותלמידות שנשרו או "הונשרו" מבית ספרם, וזאת באמצעות עריכת ראיונות פתוחים מול כל אחד ואחת. התלמידים מנו בקולם את הסיבות לנשירה ואת האופן שבו הם מנסים להתמודד עמה. לצד ראיונות אלה הובאו גם שיחות בנושא הסיבות לנשירה והדרכים לטיפול בה, שנעשו עם נציגים פדגוגיים בכירים מבתי ספר שונים (יועצים, מנהלים ורכזים) במזרח ירושלים ועם גורמים בכירים במערכת החינוך.

המחקר מצביע על סיבה לנשירה שייחודית יחסית לאזור זה בנוף הירושלמי, אם כי לא בקרב החברה הפלסטינית: בניגוד לשאר האזורים בירושלים, ולאזורים רבים אחרים בישראל, במזרח העיר בולטים הנישואין המוקדמים כסיבה מרכזית לנשירה. חלק ניכר מהנושרות שרואיינו במחקר זה נישאו בגיל צעיר ונשרו מן הלימודים מפאת מחויבויות מרובות למשפחתן החדשה או בשל היריון. המדובר בתופעה חברתית המאפיינת את החברה הפלסטינית ונובעת בין השאר ממעמדה הנחות של האישה. מעניין כי ברוב הראיונות עם הנושרות שנישאו נישואין מוקדמים ניכר כי ההחלטה להינשא התקבלה בראש ובראשונה על ידי הנערה עצמה, ולאו דווקא בעקבות לחץ משפחתי. לא מעט נשים סיפרו כי בעליהן לא אפשרו להן לשוב אל הלימודים או ביקשו שיעזבו את בית הספר. גם כאשר הבעלים או המשפחות לא התנגדו לשיבת הנשים ללימודים, בית ספרן הביע התנגדות לנישואיהן ורק לעתים הסכים להן להמשיך את הלימודים.

חלק גדול מאוד מהנושרים שרואיינו במחקר זה האשימו את בית הספר או את מערכת החינוך בנשירתם. רבים מהם החליטו לנשור בשל יחס רע ואפליה שחשו

לטענתם מצד מורים. במקרים אחרים, נשרו תלמידים בשל יחס שלילי מצד מנהל בית הספר. אנשי המקצוע שרואיינו הצביעו גם על הצפיפות בכיתות, על חוסר האבחנה בין תלמידים מצטיינים, בינוניים וחלשים ועל המחסור בבתי ספר מקצועיים, בעובדים סוציאליים וביועצים חינוכיים, כסיבות לנשירה במזרח ירושלים.

חלק מהצעירים שרואיינו נשרו מבתי הספר מסיבות שנוגעות למשפחה שלהם, כמו הצורך לטפל באחד מהקרובים, בעיות בחיי הנישואין של ההורים ואי התעניינות בילדים. הורגשה במחקר זה בעיקר אי מודעות ההורים לחשיבות החינוך. ניכר כי חוסר מודעות והתעניינת מצד ההורים בילדים הוביל להישגים לימודיים נמוכים ולנשירה בכמה מן המקרים הנחקרים. לעתים, חוסר המודעות מתבטא בהחלטה של אחד ההורים להוציא את הבת מבית הספר כדי שתעזור במטלות הבית. כמו כן, הממצאים העלו כי הוריהם של רוב הנושרים המרואיינים אינם משכילים בעצמם. רק במקרים מועטים, הובילה אלימות ההורים לנשירה. גירושין או ויכוחים בין האב לאם לא נמצאו במחקר זה כמעודדי נשירה, ויש שטענו כי לעתים הם עשויים להביא לשיפור ההישגים הלימודיים. באשר למצבה הכלכלי של המשפחה, מיעטו הנושרים להתייחס לנושא זה, אולם אנשי מקצוע סיפרו כי במקרים רבים ההורים מאלצים את הילדים לעזוב את בית הספר ולהיכנס לשוק העבודה כדי לסייע בכלכלת המשפחה.

לבסוף, קיימות סיבות אישיות לנשירה. מהראיונות עם הנושרים ועם אנשי המקצוע עולה כי נשירה מסיבות אישיות במזרח ירושלים נובעת בעיקר מחולשה בלימודים ומהתנהגות בלתי הולמת בבית הספר. חלק מהמרואיינים נשר בשל יחסים חברתיים לא טובים עם תלמידים אחרים, בשל בעיה רפואית או מפאת עצלות. סיבות אישיות אלה הצטרפו במקרים רבים לסיבות הנוגעות למשפחה ולבית הספר והובילו יחד לנשירה של התלמיד. הרוב המכריע של הנושרים

שרואיינו נשר, על כן, משילוב של כמה סיבות ולא רק מסיבה ספציפית אחת. לכן, הטיפול בתופעת הנשירה צריך להתקיים בכמה מישורים.

בתי הספר השונים במזרח ירושלים השיקו מגוון תוכניות לטיפול בתופעת הנשירה. אם נסתמך על דברי הסגל המקצועי של בתי הספר, חלקן הוכתרו בהצלחה – במיוחד אלו שהדגישו את הקשר בין בית הספר לתלמידים, את הסיוע לתלמידים חלשים, את היחסים בין המורה לתלמיד ואת הקניית המודעות בדבר חשיבות החינוך למשפחות. אך שיעורי הנשירה מבתי הספר ממשיכים להיות גבוהים ואין מנוס מהמשך הטיפול בתופעה. יש להמשיך להפעיל תוכניות אלה ולשדרג את תשתיות בתי הספר, לצמצם את הצפיפות בכיתות, להקים מוסדות הכשרה מקצועית, להתאים את תוכנית הלימוד לרמתם של התלמידים, להגביר את הסיוע לתלמידים חלשים, להעלות את רמת ההוראה, למנוע אפליה בין תלמידים, להתמיד בשמירה על קשר רציף בין בית הספר למשפחת התלמיד, להגדיל את מספר היועצים החינוכיים במזרח העיר, להמשיך להקנות מודעות להורים ולתלמידים בדבר חשיבות הלימודים, לסייע למשפחות קשות יום ולפעול להשבת תלמידים שנשרו אל חיק הלימודים.

מחקר זה אינו מייצג בצורה המובהקת ביותר את אוכלוסיית הנושרים במזרח ירושלים, אך ממצאיו יכולים להצביע על שורשי התופעה, מאפייניה והשלכותיה. קולות התלמידים נשמעים בחוזקה במחקר זה, אך הם עדיין מהווים רק מדגם קטן מהמספר הגבוה של הנושרים באזור זה. יש לערוך מחקר איכותני וכמותני רחב היקף בקרב בני הנוער שהחליטו לנשור מהלימודים, על אף הקושי להגיע אליהם, ולנסות לאתר את המכניזם המדויק שיאפשר את צמצום שיעורי הנשירה באופן משמעותי.

רשימת מקורות

מקורות בעברית ובערבית:

אל–חיאת אל–ג'דידה. (8 ביוני, 2012). "אל–אעלאם": ואקע אטפאל אל–מדארס פי מדינת אל–קדס אל–שרקיה מא'לם בשבב אל–אחתלאל. אל-חיאת אל-ג'דידה. נדלה ב–27 בנובמבר, 2012 מתוך: http://www.alhayat-j.com/newsite/details.php?opt=3&id=175177&cid=2613.

אל–כאלותי, ה. (1996). אטפאלנו באידיהם אל-צע'ירה יצרעון אלפקר. ג'מעיה אל–דראסאת אל–ערביה, מרכז אל–אבחאת' אל–אג'תמאעיה.

אנדבלד, מ., ברקלי, נ., גוטליב, ד., ופרומן, א. (נובמבר 2011). ממדי העוני והפערים החברתיים - דוח שנתי 2010. ירושלים: המוסד לביטוח לאומי. גישה אינטרנטית: http://www.btl.gov /il. Publications/oni_report/Documents/oni2010.pdf.

ג'מאל, מ., נורא, א., סוהיר, ז., וספיה, א., וזוהור, ש.ס. מצגת בנושא נשירת תלמידות מבתי ספר ונישואין מוקדמים. נדלה ב–26 בנובמבר, 2012

דיין, א. (2010). תעודת עניות: מצב מערכת החינוך בירושלים המזרחית. האגודה לזכויות האזרח בישראל, עיר עמים.

האגודה לזכויות האזרח בישראל (2012). ירושלים המזרחית במספרים. נדלה ב–27 בנובמבר, 2012, מתוך: http://www.acri.org. il/he/? p=21300.

הלשכה הפלסטינית המרכזית לסטטיסטיקה (2011). אל-מסח אל-אג'תמאעי למחאפט'ת אל-קדס, 2010: אל-נתאא'ג' אל-אסאסיה. הלשכה המרכזית לסטטיסטיקה, הרשות הפלסטינית. גישה אינטרנטית: http://www.pcbs.gov.ps/Portals/_PCBS/Downloads/book 1738.pdf.

וורגן. י. (2006). החינוך במזרח-ירושלים. מרכז המחקר והמידע של הכנסת.

וורגן, י. (2010). מערכת החינוך במזרח ירושלים: כיתות לימוד ותוכניות לימודים. מרכז המחקר והמידע של הכנסת.

וורגן, י. (2011). שיעורי הנשירה של תלמידים ממערכת החינוך - דוח ביניים. מרכז המחקר והמידע של הכנסת.

חדית' אל-קודס (25 במאי, 2012). אל-תסרב אל-מדרסי פי אל-קדס אל-שרקיה. אל-קדס. נדלה ב-27 בנובמבר,2012 מתוך: http://www.alquds.com/news/article/view/id/358 176.

חלו"ן, התוכניות שלנו. נדלה ב-27 בנובמבר, 2012 מתוך: http://www.alquds.com/news/article/view/id/358176.

חסון, נ. (20 במאי, 2012). 84% מילדי מזרח ירושלים חיים מתחת לקו העוני. הארץ. נדלה ב-27 בנובמבר, 2012 מתוך: http://www.haaretz.co.il/news/education/1.1711 628.

חסנין, ס., ואל-ג'איח, ס. (1992). אסתטלאע: אחדאת' בדון אטר פי אל-קדס אל-שרקיה. אל-קדס: קסם רעאיה וארשאד אל-אחדאת' ואל-שביבה, בלדית אל-קדס.

טרומר, מ., בר זוהר, י., וכפיר, ד. (2007). התמודדות עם נשירה סמויה בקרב תלמידים בסיכון בבתי ספר. מניתוק לשלוב, 14, 69–93.

כהן-נבות, מ., אלנבוגן-פרנקוביץ, ש., ורייפלד, ת. (2001). הנשירה הגלויה והסמויה בקרב בני נוער. ירושלים: ג'וינט-מכון ברוקדייל והכנסת.

לאפי, ע. (2005). אוצ'אע אל-תעלים פי מדארס מדינת אל-קדס. אל-קדס אל-שרקיה: אתחאד לג'אן אוליאא' אמור אלטלאב, מא'ססת אל-תעאוון.

להב, ח. (2004). תופעת הנשירה ממערכת החינוך-הויכוח על המספרים ומי משלם את המחיר. מניתוק לשילוב, 12, 11–25.

מור, פ. (2006). לראות את הילדים - מדריך ליצירת סביבה חינוכית מגדלת לתלמידים בסיכון. ירושלים: אשלים.

משרד התרבות והחינוך הפלסטיני (ספטמבר 2005). תופעת הנשירה מבתי הספר – הסיבות, צעדי המנע והטיפול (בערבית). מגזין אל-מסירה אל-תעלימיה, 50.

נח'לה, ח'. (2003). מבנה מערכת החינוך הפלסטינית. אוניברסיטת תל אביב, מרכז תמי שטינמץ למחקרי שלום.

ניר, ט., סוצ'יו, א., סלע, ר., עליאן, נ., פלר, ע., וקראעין מ. (2010). זכויות אדם בירושלים המזרחית: עובדות ונתונים, מאי 2012, האגודה לזכויות האזרח בישראל. גישה אינטרנטית: http://www.acri.org.il/he/wp-content/uploads/2011/03/eastjer2010.pdf

סבר, ר. (2002). נושרי ההשכלה בישראל בזיקה לקליטת עלייה. ירושלים: המרכז לחקר המדיניות החברתית בישראל. (חלקים מהמאמר הובאו במסגרת הצעת מחקר שהגישה ד"ר ריטה סבר יחד עם ד"ר ליילה עבד רבו למשרד החינוך, תחת הכותרת "הנשירה במגזר הערבי, הבדואי והדרוזי").

סבר, ר. וגור, י. (2001): "עדשות מגע" – גישור בינתרבותי בכפר נוער עתיר חניכים יוצאי אתיופיה. מפגש לעבודה חינוכית–סוציאלית, 15, 192–163.

עיריית ירושלים, מתן מענה איכותני ושוויוני לכל תלמיד. נדלה ב–27 בנובמבר, 2012, מתוך: http://www.jerusalem.muni.il/jer_sys/publish/HtmlFiles/429/results_pub_id=33638.html

עליאן, נ., סלע, ר., רמתי, ט., ולוסטר, ת. (אוגוסט 2012). ציון: נכשל: מערכת החינוך הכושלת בירושלים המזרחית. האגודה לזכויות האזרח בישראל ועיר עמים.

קפל–גרין ע. (2005). "מפנה בחייך" – מרכיבים פסיכותרפויטים במסגרת בית ספר לנוער נושר. חיבור לשם קבלת דוקטור לפילוסופיה שהוגש לסנאט אוניברסיטת בן גוריון.

קפל–גרין, ע., ומירסקי, י. (יוני 2009). "זה כמו בית חם": בני נוער נושרים מספרים על בית ספר "מפנה". מפגש, 29: 101–79.

קשתי, א. (31 באוגוסט, 2012). לידיעת עיריית ירושלים ומשרד החינוך: גם ערבים לומדים. הארץ. נדלה ב–26 בנובמבר, 2012 מתוך: http://www.haaretz.co.il/magazine/1.1813210.

מקורות באנגלית:

Bowen, G. L., & Richman, J. M. (1997). *The School Success Profile*. Chapel Hill: University of North Carolina.

Bradley, C. L. & Renzulli, L. A. (2011). The Complexity of Non-Completion: Being Pushed or Pulled to Drop Out of High School. *Social Forces*, 90 (2), 521-545.

Chung, C. & Mason, M. (2012). "Why do primary school students drop out in poor, rural China? A portrait sketched in a remote mountain village". *International Journal of Educational Development*, 32 (4), 537-545.

Fine, M. (1986). "Why urban adolescents drop into and out of public high school". *Teachers College Record*, 87, 393-409.

Gough, J. (2011). The Situation of Children in the Occupied Palestinian Territory: An Overview. *This Week in Palestine*, 154 (February 2011), Retrieved November 26, 2012, from: http://www.thisweekinpalestine.com/details.php?id=3323&ed=191&edid=191.

Hayward, B.J. & Tallmadge, G. K. (1995). *Strategies for keeping kids in school: Evaluation of dropout prevention and reentry project in vocational education.* Washington, DC: American Institute for Research in the Behavioral Sciences.

Human Rights Watch (1 December, 2001). *Second Class: Discrimination Against Palestinian Arab Children in Israel's Schools.* Retrieved November 25, 2012, from: http://www.unhcr.org/refworld/docid/ 3c2b204d0.html.

Jordan, W. J., Lara, J. & McPartland, J. M. (1996). "Exploring the causes of early dropout among race-ethnic and gender groups". *Youth and Society*, 28, 62-94.

Loto, L. S. (1982). "The holding power of vocational curricula: Characteristic of effective dropout prevention programs". *Journal of Vocational Educational Research*, 7, 39-49.

McNeal, R.B. (2011). "Labor Market Effects on Dropping Out of High School: Variation by Gender, Race and Employment Status". *Youth Society*, 43 (1), 305-332.

Peck, N. Law, A, & Mills, R.C. (1987). "Dropout Prevention: what we have learned". Coral Gables, FL: University of Miami, Center for Dropout Prevention.

Peraino, K. (August 1, 2008). "Jerusalem Up Against the Wall. *Newsweek Magazine*. Retrieved November 25, 2012, from: http://www.thedailybeast.com/newsweek/2008/08/01/jerusalem-up-against-the-wall.html.

Toles, T., Achulz, E. M., & Rice, W. K. (1986). "A study of variation in dropout rates attributable to high schools". *Metropolitan Education*, 2, 30-38.

Unicef. Education (in the occupied Palestinian territory). Retrieved 27 November, 2012 from: http://www.unicef.org/oPt/education.html.

Wolman, C., Bruinks, R., & Thurlow, M. L. (1989). "Dropouts and dropout programs implications for special education". *Remedial and Special Education*, 10, 6-21.

Table of Contents

Abstract

According to data published in 2012, nearly 40% of Palestinian students in East Jerusalem do not complete 12 years of study. Comparatively, the dropout rate is a mere 3% amongst the overall Jewish population of Jerusalem. This study was designed to examine the factors that lead to such high dropout rates from the schools in East Jerusalem and possible ways to contend with this phenomenon. In contrast to previous research, this study gives voice to the dropouts themselves. It includes extensive in-depth interviews that were conducted with 26 student dropouts from East Jerusalem, who agreed to disclose their varied, personal stories, under condition of anonymity. Interviews were conducted with principals, teachers, advisors and senior educators, to examine the causes and possible solutions to the dropout problem. The findings of this study show that the causes for student dropout can be divided into five categories: Personal reasons; family reasons; economic/socio-cultural reasons; and reasons of political/security.

About the Author

Dr. Laila Abed Rabho was born in the neighborhood of Beit Safafa, in Jerusalem. She wrote her doctoral thesis in the Department of Islamic and Middle East Studies at the Hebrew University of Jerusalem. Prior to that, she worked for 8 years in the Center for Blind Women in Shuafat, in Jerusalem. Dr. Abed Rabho is a Sharia Advocate, certified by the Sharia Court of Appeals. She is a researcher at the Truman Institute, in the Hebrew University of Jerusalem.

Why I Left School:

Voices of Palestinian Dropouts in East Jerusalem

Laila Abed Rabho

New York

© 2016

Published by **ISRAEL ACADEMIC PRESS**

(A subsidiary of MultiEducator, Inc.)

553 North Avenue • New Rochelle, NY 10801

Email: nhkobrin@Israelacademicpress.com

Cover Design & Layout: Amy Erani

ISBN # 978-1-885881-47-2

© 2016 Israel Academic Press/ A subsidiary of MultiEducator, Inc.

The right of Laila Abed Rabho to be identified as authors of this work has been asserted in accordance with the US 1976 Copyright 2007 Act and Israel's Author's Rights Law 5768

Why I Left School:
Voices of Palestinian Dropouts in East Jerusalem

Laila Abed Rabho

New York

2016